潛意識溝通

11 位催眠師的生命轉變

目錄

序章

解開萬物靈性之謎

文／彭公（彭渤程）

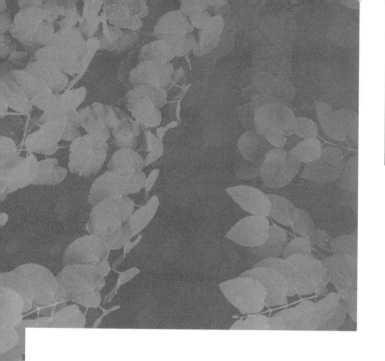

本書由許多不同領域的澄識催眠師撰寫而成，透過不同的筆觸，描繪各領域如何運用與結合催眠，以及彼此經驗的生命轉變。

這裡，我們將從科學出發，一方面透過各種角度解析各領域彼此結合的關鍵，也試著透過不同的詮釋方式，讓一窺多種民俗、身心靈、氣功、宗教，與靈性、潛意識世界。

從科學與心理治療角度談潛意識

一九九〇年代之後，因為神經影像學技術「功能性磁振造影」（functional magnetic resonance imaging，fMRI）發展，科學界得由檢驗血流進入腦細胞的磁場變化，而將腦部的功能成像，一窺腦部結構與腦功能之間的關係；大腦科學由此快速進展。其中最令科學界感興趣的，便是人類一直未能理解的「潛意識」。

在fMRI出現前，其實已經有了關於潛意識影響人類行為、思考、情緒等等的研究，各類型淺談潛意識理論的書籍也有很多，像是相關的冰山理論、阿沙吉歐（Roberto Assagioli）的蛋形圖表等等——幾乎各種催眠相關書籍都提到潛意識，在此便不再以傳統的方式加以贅述——我們將透過不一樣的面向，探索更寬廣的潛意識，也用更全面的角度，理解這個被科學界定義在意識層次以外的另一種意識狀態。

在心理治療過程中，心理師與當事人一同探索過去生命經驗中的點點滴滴，試著從生命故事修護內在的情緒、想法，以及對自己、對他人、對世界、對未來的信念；也談著人們從小到大在成長路上學習而內化的家庭規範、社會規範等等，甚至探索人的內在深層渴望、需求、意義感、靈性與生命本質。這些生命素材，其實都藏在不易被意識發現的潛意識層次裡。

透過談話，心理師試著幫助當事人一點一滴在意識層次中覺察到潛意識裡的生命素材。我們相信，當意識得以覺察的時候，人們便能讓生活上的情緒、想法，甚至行為，不再反射性地被過去生命經驗影響，擁有更多的心理空間讓我們的意識能自主決定。

幫助一個人意識到潛意識的模式運作，讓人不輕易隨著潛意識的「慣性」而為，便是心理諮商的目標之一。然而，有趣又矛盾的，我們卻在意識層次裡用意識去談論意識層次以外的素材，但那些素材明明潛在意識以外的區域，潛在當事人自己都難以覺察的地方。帶著想要幫助人們找出更適切的協助方式，我開始往知識的根源前進，一方面接觸全然在意識層次的「哲學諮商」療癒方式，另一方面開始學習與潛意識最直接關聯的心靈療法「催眠治療」。

佛洛伊德是二十世紀最偉大的心理學家之一，被譽為精神分析之父的他，將心理學邁向高峰，甚至影響著哲學、美學、流行文化與社會學等領域。佛洛伊德從年輕時期就對催眠為之著迷，在維也納開設私人診所後，越來越堅信潛意識對人類行為的影響與重要性。其實不只佛洛伊德如此，翻開心理學大師們的自傳，也會發現多數心理學家或多或少都曾學習、接觸過催眠治療。

在臨床上，我也因為親見了許多令人嘖嘖稱奇的奧妙經驗，更一頭栽入了潛意識旅程。一旦接觸後，才更明瞭潛意識的龐大早已超過我所知的一切，也為此不斷廣泛搜尋相關文獻與書籍，同時在臨床實踐與驗證。不知不覺我開始將這一切串起民間信仰、身心靈領域、與科學之間的關聯，解開自己在三領域間產生的困惑與謎團。

信仰、儀式、身心靈活動與科學的關聯性

先從心理學的角度來解釋潛意識好了。心理學有許多不同的理論在闡述人的內心世界，我們稱為「人格結構」。意思就是，如果人的身體結構是頭部、頸部、軀

幹、雙臂與雙腿，那麼人心裡的結構就稱為「人格結構」。又因為人心是看不見的，心理學家各有各的人格結構說法，但無論哪一種人格結構，主要可以分成兩大部分，一個是我們熟悉的意識層次，另一個就是真正操控人心的主角——潛意識。

人將所能發現的一切事物與想法都歸於意識層次，但每一次的情緒、思考，甚至是決定，其實都受到潛意識的影響。現今腦科學研究顯示，在每個人做出決定的前七秒時，大腦潛意識其實已先做出了該決定，但我們以為每一個決定或直覺都是當下才決定的。心理學家也透過研究證實，在同一時間內，潛意識接收的訊息量遠超過意識所能覺察到的訊息量；即使是一瞬而過的資訊，連眼睛都還來不及看的時候，潛意識已經接受、解讀、並相對做出因應與運作了。

潛意識對人類的影響，其實遠大於我們的想像。

潛意識怎麼那麼難理解？

潛意識為什麼如此讓人難以理解呢？其實看它的名字就知道了，早期發現潛意識的科學家們將它取名為「潛」意識，自然就在說明它是存在於意識以外的一種狀態，而且無法輕易探究。不過，這個「特別的名字」也是讓人們混淆不清的原因。

電影《露西》中，女主角發揮了極大的潛能，是一般意識層次無法理解也無法運用的特殊能力。姑且不論電影的真實性，但從現實生活裡的各種報導，我們也不難發現，人類體內的特殊能力五花八門，單就「潛意識」這三個字實在無法完整的描述與分類。就像如果把萬物歸類為「人、事、物」三類，在此分類下，車子是物、房子是物，甚至書本、路燈都是物，但彼此截然不同。潛意識亦是如此，有太多太多人類意識以外的狀態，單用潛意識一詞並無法統整所有，這也使得「潛意識」更加模糊不清，難以理解。然而，這些「意識之外」的唯一相同處，就是都都無法輕易的用意識去理解與碰觸。

人類追尋的狀態就在潛意識裡

多數時間裡，意識狀態與潛意識同時存在，可是潛意識難以被發現，我們便以為自己都處在意識狀態中——其實潛意識隨時都在。

也許一首歌、一個身影，就讓我們想起一段回憶，也勾起某種情緒。無論回憶或情緒，都可歸於潛意識。在心理諮商或心理治療的過程中，我們探索的每一個回憶與情感、內心深處的深層需求、野性、生與死的本能、各種受到社會壓抑的恐懼、幻想、慾望、夢境、生理現象、藝術靈感、文思泉湧、宗教裡的通靈、氣功、遠距療癒、動物溝通、苦行僧的修行方式、靜心、冥想、直覺、超感知覺ＥＳＰ、預言、高峰經驗、開悟等等，都是潛意識狀態的呈現。因此，潛意識也包括各個領域用不同詞彙形容但相同的特殊境界，例如：超個人自我、真我、泉源、核心、頂峰、原型、超越之靈、佛性、梵、高我等等——都是潛意識裡的某一部分。

潛意識與意識的不同頻率

透過fMRI發現，當一個人激發起這些潛意識狀態時，所呈現的腦部功能影像與一般意識層次時的造影有所不同。也就是說，當一個人激發潛意識特殊功能的時候，都進入了一種澄識狀態（a state of trance）。

澄識狀態（a state of trance）指的是潛意識活躍時，人類所呈現的一種身心狀態，其中trance一詞是催眠之父艾瑞克森所使用，表示恍惚、出神，我們取其音翻譯為澄識狀態。

澄識狀態是潛意識活躍的狀態，人類處於澄識狀態時，在fMRI呈現的腦部解剖影像中，大腦活化的部位與一般意識狀態時不同。

透過腦電圖（electroenc ephalo gram，EEG）檢測腦波，我們可以將人類的腦波根據變化的波率、波形、波幅、位相、數量、反應性、對稱性、規律性、出現方式、時間、位置分布等等，將腦波分為β（Beta）、α（Alpha）、θ（Theta）、δ（Delta）波。

β波就是意識層次時的腦波，也就是人類清醒時的邏輯思考、計算、推理、解決與規畫事物等智力的層次。

α波是介於意識與潛意識之間的腦波狀態，是身體放鬆、聽輕音樂、開放心胸感受當下一切，甚至心不在焉，作白日夢時候的層次，也是澄識催眠在療癒過程中，透過放鬆與擴大想像時候的腦波階段，此時的腦波已與清醒時有所不同，是淺層催眠的階段。催眠之父艾瑞克森先生的催眠很多時候就是在這個階段；這個階段的被催眠者，甚至不會覺得自己被催眠，就像是作白日夢時，我們也不覺得跟平常有什麼不一樣，但腦波已與清醒時的β波有所不同，而α波狀態也被譽為大腦的最佳狀態。

θ波是屬於潛意識層面的波，存有過往記憶、知覺與情緒，這一層影響著我們日常的態度、期望、慾望，甚至是信念與行為，也是我們在深睡時進入動眼期作夢的腦波狀態。人在極度專心的狀態下，也可能讓腦波進入θ波的波型。在這狀態之下，靈感與創意將湧現，心理學裡提到的「心流」與「高峰經驗」、以及人在深度冥想時，都是處在這種狀態。

δ波則是人類最深層，腦部呈現最沉潛的狀態，是零點五到四赫茲（Hz），在這一狀態之下，人類有強烈的第六感與直覺，這也是佛家所說，深層「入定」的階段。

幫助潛意識活化的技術——催眠

不同階段的大腦頻率，身體也有不一樣的反應。

催眠與腦波之間有什麼關係呢？「眠」指的不是真正的睡眠，而是腦波進入了α波、θ波、δ波等沉潛的腦部狀態。「催」則是加速、幫助之意。所以，催眠就是幫助一個人進入不同腦波狀態的過程，也可用於幫助人類開啟特殊的潛意識功能。

很多方式能讓腦波進入不同頻率，催眠的手法與目的也有很多種，這也是多數人難以清楚理解催眠的原因。

有的催眠是為了舞台表演，我們稱為「舞台催眠秀」，像是有很多變成超人、看不見人、把衛生紙當鈔票、變成鋼鐵一樣堅硬等等的舞台效果，使得大眾對於催眠有著質疑又畏懼的距離感。但是，催眠當然不只是娛樂，在心理學上催眠真正的用途是幫助他人——這也是催眠的主流用途——可以用快速甚至強迫的方式催眠，也可以非常安全、輕鬆、緩慢。

無論是瞬間催眠或標準的放鬆催眠，大腦都處在澄識狀態。

許多國家的大腦開發課程就是轉換使用催眠的技術，幫助大腦在不同波型狀態下開啟各種可能；我們開設的動物溝通課程也是用漸進的方式，傳授開啟與動物溝通的管道；傳統民俗裡的觀落陰、通靈、甚至是國內佛光大學教授曾開設的催眠補財庫、元辰宮催眠，以及身心靈界常聽見的遠距離療癒、光療之類的，都是透過讓腦部在不同波型狀態下所執行的過程。

在此，請容許我用一小段的篇幅，分享一個我在催眠師培訓課程中常提到的重要觀念：雖然各種特殊的療癒方式都可能存在其理論與科學可能性，但無法確知施行者是否成功地做到並完成。因此尋求協助時，記得仍要保持相當的警覺性。以我們執行的動物溝通服務來說，我們先告知對方家裡實際的擺設與動線，以實際可確認的事物來幫助當事人確認與安心。

也許存在著各種方法，但「存在」與「有效」之間是兩碼子事。如同醫術存在，但醫師各有所長，療效各有差異——我想這是尋求協助時要特別留意之處。

接下來，我將試著整合臨床實務與過往經驗，透過一種簡要的分類方式，在本章後段幫助各位理解難以解釋的人類潛能。

理解靈性運用，然後運用靈性

許多人常用「身、心、靈」三字來描述人類內、外在狀態。多數理論談的「身」是指身體，「心」是意識也就是我們得以感知的意識層次，「靈」的部分其實就是潛意識。

身、心、靈三者之間並非各自獨立。從奧修靜心、佛家動禪、蘇菲旋轉、苦行僧磨練身體，或是專注於身的氣功等活動中可以發現，當我們高度專注於身體時，我們也會讓人的腦波進入澄識狀態，也就是喚起潛意識、喚起「靈」的部分。意識層次的「心」，本就與潛意識之間有相互交集的部分，在高度專注進而放下意識、放下我們最常駐的「心」時，潛意識也將活躍起來。當我們喚起靈、喚起潛意識的時刻，「身」仍在，「心」也在，並不是全然離開了這些狀態，只是使用的比例相對減少。「身、心、靈」三者間沒有全然的疆界、彼此相互關連，又交互影響。

日常狀況下，最常注意到意識，次之是身體，潛意識在三者當中是相對較不被注意的，也是我們最不熟悉的部分，卻有著各式各樣的特殊能力。然而，假如「隔空取物」是一種人人都會的基本能力時，我們便也覺得稀鬆平常了，只是因為這些「特殊能力」平常都藏在潛意識裡，我們才覺得奇怪吧！

只有等到那一天，當你也懂得如何運用自己的潛意識時，這一切才會開始不再特異，不再奇怪。

靈性運用兩大途徑

就我目前的發現來說，「靈」的功能，也就是潛意識的功能，可以粗分為兩大類別。

人們透過催眠、各種放下意識的方式，也就是靜下「心」的過程，便可以進入澄識狀態，激發潛意識功能。在潛意識活躍的澄識狀態中，因為高度專注而擴大感官知能，甚至可以慢慢「感覺」到萬物之間運行的一種規則，可以「感覺」到萬物彼此流動而存在的一種「物質」——這不是在意識層次時，可以用五官直接感受到的「物質」，這是一種存在，一種存在卻無法直接接觸的「實體」，這個「實體」有些人稱它為「氣」、「無」、「道」、「光」，或是「能量」。透過利用萬物之間的「實體」，從古至今人類發展出了氣功、光療、感覺並灌注天地之間的光或氣、平衡身體能量、脈輪療癒、臼井靈氣、道家靜心、武術練氣、氣通任督二脈，甚至在一定距離折彎錢幣、湯匙等等，這些都是進入澄識狀態後，利用這種存而不見的「實體」，所衍生的特殊功能。

另一種「靈」的運用，有別於上述運用自然界存而不見的「實體」，是類似心電感應的特殊能力。這一種特殊能力與上述相同之處，同樣需要使用者經由催眠或其他方式進入澄識狀態。使用這種特殊能力，通常透藉著自我催眠或靜心後（靜就是放下，心就是意識，靜心就是放下意識的一種層次），將自身腦波調整至一種頻率，然後開啟特殊的超感知覺。這種特殊的超感知覺通常可以跳離時間與空間的限制，知道過去曾發生的事實、部分正進行的近況，或是預知未來。彷彿開啟遠距離視界、遠距離聽覺、遠距離嗅覺、遠距離感觸覺等等，也就俗稱的千里眼、順風耳，甚至也能夠遠距離、超越時間的傳遞與接受資訊。

類似心電感應的特殊潛意識能力，偏向感官資訊的交換，民間裡頭的觀落陰、通靈辦事、身心靈領域的感知能力、鳥卦、塔羅、卜卦、催眠前世今生、預知、甚至瀕死人接受資訊、作夢時的靈感、託夢、隔物識字等等，都是這一種潛意識的運用類型。

第一種運用自然界「實體」的特殊功能，時間序上多處在當下，是一種專注於此時此刻的澄識狀態，用途多是幫助身體健康。第二種類似心電感應的特殊能力，在時間序上較沒有時間或空間的限制，多用於訊息接受與傳遞；這種能力可能看得見對方的身體狀態，卻未必能協助改善。

對未知保持開放與探索的心

雖然浩瀚無垠的潛意識至今尚未能在科學的協助中，百分百的全然驗證與羅列，但這狀況也許就像十六世紀時，社會主流秉持著地球就是世界中心的「地心說」一樣，只有等到科學進展的那天，我們才得以證實哥白尼的「日心說」是正確的；而又隨著科技的日新月異，我們又將發現，原來太陽也不是世界中心。我們期待有一天將更清楚如何運用這些宇宙恩賜的天賦，相信也會有更多人因此幫助自己，甚至造福人群。

帶著分享的心意，澄識催眠師們將分享如何運用潛意識在各自的領域，以及這一路上的發現與轉變。

或許這不是一本專門幫助你「淨化」自己的書籍，但這會是一本與你一同邁向

「進化」生命的鑰匙。

潛意識無時無刻影響我們的生活。相信在進化的過程，你將同樣感到成長的喜悅。

祝福你在這趟旅途中，有一段特別的相遇。

臉書粉絲專頁

當心理師戀上心理師，
彭公孟婆伴嘴聊人生

潛意識的神祕力量與動物溝通

文／Chalynn

Chalynn

動物溝通暨能量療癒師。目前服務項目為塔羅及各式排卡占卜、顱薦動力牽引、澳洲彩光花晶全方位諮商療癒師、擴大療癒、脈輪淨化暨能量場整合、漸進式催眠引導，以及動物溝通暨療癒。投入身心靈工作多年，陪伴許多動物和人類夥伴走過一小段路，感謝所有的歷程，也但願未來在自己的能力範圍內，可以給出更多的支持和力量。

臉書粉絲專頁

Chalynn
動物夥伴小心事

我曾經擔任貓狗中途，照養受傷或是親人的流浪貓狗。有一回家中照顧的貓咪們發生嚴重衝突，兩隻對立的貓咪影響了其他貓咪的情緒，連帶的所有家內成員，無論人類或其他貓狗都變得緊張焦慮。在無計可施的狀況下，求助動物溝通師之後得到顯著改善，於是興起了自己學習的念頭，希望未來能夠自己協調和紓解照顧的動物。

我想，動物和人類面對的問題雖然大不相同，但生命「受苦」和「執著」的模式也許有些關聯。

開始踏上動物溝通的旅程後，也在印度修習了一陣子，多年來，協助許多動物和飼主更和諧相處，並透過溝通的技巧尋獲失蹤的動物。

動物溝通和催眠的關係

動物溝通並不神祕，而是每個人與生俱來的能力；技巧也不難，但要穩定而持續的接受資訊，則需要個人的修持。

催眠也是每個人都可以學習的技巧，但如何讓自己穩健自信，並且安全而圓滿的讓自己和當事人能透過催眠的過程發現問題，進一步成就更完整的個體，則是催眠師需要不斷學習、精進的路徑。

動物溝通和催眠均是透過潛意識的運作去擷取資訊，那些資訊能夠協助我們挖掘問題，並填補個人在自我認知和靈性道路上的不足。

沒有人願意受苦——這個苦，很多時候是我們內在的投射，如果覺得自己運勢很差，就很難好轉了。同樣的，動物若一直困在悲傷的情境，也不可能開心健康；此時，飼主的角色就非常重要。

怎麼藉由催眠讓動物與飼主更能同理彼此，進一步讓雙方的關係更和諧？怎麼透過催眠安撫飼主心中的遺憾，經由催眠讓飼主與往生動物見面？或是更深層地看見自己和所依戀的動物，在靈魂層面上有什麼共同的功課？都是催眠可以運用在動物溝通上的方式。

生命的作業也許很沉重，也或許沒那麼困難。寵物帶著他們的使命來到我們身邊，而飼主透過寵物去學習愛、接受愛、理解愛。也許，愛，就是生命的關鍵，無論透過何種形式，也無論生與死，生命就是體驗愛的過程，理解了便可前往下一段生命旅程，去體驗不同的人生，發現不同的愛。

其他動物也可以被催眠嗎？

可以透過一些催眠技巧協助寵物迅速達到穩定，或是深層的休息，但恐怕無法催眠一隻貓咪「現在是一隻翱翔天空的老鷹」。動物對世界和跨物種的理解與人類不同，因此不需要做這樣的「催眠遊戲」，而催眠在臨床上，並非為了娛樂而服務，因此讓個案舒適、穩定，才是催眠的首要訴求。

大部分的催眠，還是針對飼主進行，以人類的語言引導飼主進入潛意識的trance狀態。針對飼主的需求和寵物進行互動，或是處理在關係上的遺憾、愧疚等負面情緒。

溝通是為了雙方和諧，催眠則尋求個人內在的平和。

案例一：深深的思念

來到我面前的飼主是一位中年婦女W，清瘦秀麗，精神狀態不太好。

W說自己和先生沒孩子，一直把照養將近十五年的狗狗小白當成自己的孩子。小白是純種馬爾濟斯，天生的皮膚和眼睛疾病，也較為敏感，但在W悉心照料下，小白也是配合的乖巧孩子。W自豪：「我把他的病，從『有』照顧到『無』，連醫生都很驚訝他沒有發病。」

然而，讓W深深愧疚的是帶走小白的並非疾病，而是車禍。

「我去哪裡都帶著他。那天，我們去從家裡開車大概十分鐘距離、常去的公園……我把車子停在公園對面，門一開，小白直接衝過馬路……」飼主W目睹一切的發生，雖然緊急送醫急救仍回天乏術。

從那個時後起，W只要想到小白就感到深深的歉疚、不捨與不安，認為自己是「很差勁的媽媽」。

我透過溝通，明白動物的靈魂尚未前往下個階段，依然守在W身邊。可是，訊息經由我轉達讓W半信半疑；她想要得到更多解答，並得到小白的寬恕，但又不想接受小白並沒有責怪她。

W無法真正放下，依然不停責怪自己，於是我們約了下一個時間進行催眠療程。

在催眠中，W來到那座小公園，小白也在。

W的眼淚不停往下掉；我引導她待在悲傷中，並等候她回復平穩。

「我們在公園裡玩，我覺得很開心……我們一起喝水，然後我讓他到處聞。小白跳到階梯上面等我……我老公坐在旁邊，我們買幾包零食一起吃。天氣很好，有點熱，我們在樹蔭下所以有風……小白喜歡熱一點的天氣，他很奇怪。」W在陳述的過程中笑起來，但眼淚還是流不停。

「我很想你，謝謝你來到我身邊，而且你一直都好乖，很配合我……但媽媽對不起你……還是沒有把你顧好……」

W向小白表達深切的感謝與歉疚，在催眠過程中哭哭笑笑。我最後引導小白和W說話，我問：「小白說了什麼？」W平靜而緩慢地說：「小白要我不要再哭了，他說他現在身體沒有病痛，不用去醫院看醫生了……他說他沒有怪我……」

狗狗從未責怪主人，只是W困在自己的悲傷中。動物溝通師沒有辦法打破W建造的悲傷城堡，但透過催眠療程，讓她有了力量，也願意面對動物的死亡。當我們願意面對，才有可能恢復。

我們終究要明白，動物的生命旅程比人類短暫，因此請讓自己盡量平靜穩定，去面對與處理動物的身後事。基於愛，我們相遇，也請延續這份愛，祝福他前往下一個階段。我們都在學習，唯有跨越了告別的疼痛，才能領略相遇的珍貴。

案例二：不能再抱抱了嗎？

J是固定找我做脈輪清理和氣場整合的個案，是短髮秀氣的女同志，平時雖在練「靜心」，但長期的睡眠困擾，以及白天充滿壓力的工作，常常讓她心煩氣躁，沒辦法安靜下來。

J和前女友一起領養了一隻貓咪，分手後貓咪由前女友照顧。因此她雖然想念貓咪，卻無法時常見面。

我個人在接動物溝通案有一個準則：不太接受非主要照顧人的委託，避免一些倫理上的爭議；除非主要照顧人交託，否則只能拒絕。

因此，雖然貓咪和J曾經很親密，我還是無法接案。

J表示自己無法入眠，有很大一部分原因在於想念貓咪。最後，我們在討論療程的時候，決定透過催眠，去探視貓咪。

進入催眠狀態，J躺在床上，我引導她來到貓咪所在的空間。J細細地描述：「他躺在書櫃上，櫃子旁邊有窗戶……可以看到床鋪……貓咪沒在幹嘛，他就躺在櫃子上……」

「他身體很軟，沒有什麼不舒服。可是我前女友好像滿忙的，他們相處的時間很少……貓咪有點寂寞無聊的感覺；他好像很常在舔毛和整理自己，因為不這樣子，他也不知道要幹嘛……」

接著我引導J陪伴貓咪，用她習慣的方式去擁抱、觸摸貓咪的身體，感覺貓咪的呼嚕聲、感覺貓咪很享受這樣的撫摸；J在催眠狀態中和貓咪度過安靜的一個下午。

在我喚醒J後，針對催眠過程做簡單的討論。J記得的情節不多，大部分都很模糊，但記得擁抱貓咪的觸感，不禁有點難過，「我覺得貓咪好像在跟我說話，但我不確定……他好像跟我說：『不能再抱抱了嗎？』。」

我建議J結束療程之後，可以和前女友討論這件事情，如果可以就去摸摸貓咪，若不行，也請J放下這個遺憾。只要確定前女友是疼愛貓咪的人，那麼還是要尊重主要照顧人的生活模式。

人和動物之間的依戀總是很深刻，如果你真心愛過一隻貓，這隻貓就在你的生命中留下了痕跡和溫度。在這個個案中，J透過催眠進行動物溝通，紓解思念之後，現實的功課就得靠自己面對，包含對於逝去戀情的遺憾，以及對貓咪的掛念。

溝通不僅是語言回應

動物溝通的「溝通」二字，常常讓人誤解為具體的對話，但溝通不僅僅是語言上的回應。事實上，動物不會使用我們熟悉的「語言」作答，所有的念想、情緒、身體反應，甚至是成長經驗、喜好等等都是溝通的一環。

動物溝通和催眠都是潛意識的工作。我們透過靜心和不同的觀想模式，沉到潛意識狀態，擷取需要的資訊。溝通師本身在接收訊息前也必須做簡單的靜心儀式（每個老師因為學習的系統不同，而有些微差異）。廣義而言，動物溝通亦是催眠的一環。

回到J，我們確實完成了階段性的動物溝通任務——透過有經驗的他者引導，而跟動物對話以及互動——就連沒學過動物溝通的人都可以嘗試，並不具危險性，但溝通對象限定是個人熟悉的寵物。

在臨床上，透過這樣的互動也讓寵物有正面的行為改變與情緒提升。在J的個案中，我並未真的跟該貓咪互動與確認，但透過催眠，他們的靈識真實相遇了，並且擁抱彼此。

透過催眠，我們可以更深入理解自己抗拒的情緒，也可以抵達我們想去的任何地方。前世或來生，都能夠透過催眠的經驗完成。也許，那些過程與情節不是那麼重要，重要的是這樣的體驗可以帶給此時此刻的自己，產生什麼樣的改變與理解。

案例三：這樣子真的「足夠」嗎？

很多時候，飼主面對溝通的結果仍表半信半疑，比方說「他真的吃不夠嗎？我們家零食很多耶！」或是「為什麼還是到處尿尿？我們家有兩個貓砂盆啊！」溝通師能做的事情，就是訊息的轉達，並協調飼主與動物在生活上的差異，但是否要改變？是否願意接受？這些都是飼主的決定。

L養了兩隻貓咪，米克斯黑貓 pupu 和白貓 mama。pupu 表示家裡沒有能躲藏的地方，而 mama 則希望增加濕食。

L對此有些不解，一是認為家裡空間大，怎麼會沒有躲藏的地方？二是每日三餐，其中一餐是濕食了，這樣還不夠嗎？

於是L和我預約了催眠療程，想進一步去理解貓咪的需求，也確實在結束催眠後，L發現了比原本的溝通內容更多需要改變的地方，並積極協調，也解決了一直以來困擾的亂尿尿問題。

我引導L「進入」貓的身體中，成為那隻貓，透過貓的視線在家中到處巡視。過程中我不斷提出問題，例如：在哪裡能睡午覺？哪裡能觀察到全家人？貓砂盆有什麼問題嗎？

L很快進入狀況，專注而輕鬆的行走於室內空間，說：「阿pu喜歡待在衣櫃裡……他會自己打開衣櫃進去，因為那裡可以聞到我身上的味道，而且衣服很好躺……我回家或是經過時，他隨時可以衝出來嚇我，或是和我說肚子餓。」

「貓砂的位置在浴室，裡面的空氣有時候很潮濕，所以不喜歡進去那邊……希望可以把砂盆放在外面走廊；那邊打掃也很方便，沒有其他的東西。」L以貓咪的角度陳述，並建議了貓砂盆的位置，並且繼續說：

「我喜歡咬起來濕濕的食物，而且比較香。每次都只有一點點，不夠吃。媽媽早上要出門的時候都很匆忙，我這樣吃飯很有壓力，沒吃完就被收起來了；可不可以放著就好？」

「暗暗的地方有時候會很寂寞。我喜歡自己在暗暗的地方，但是可以清楚看見大家在幹嘛。」

結束催眠療程之後，L心領神會理解貓咪的需求，改變了貓砂盆的位置，也增加了另一個貓砂盆，而食物和室內空間配置也依據催眠中得知的需求，重新安排。除了增進和貓咪的關係之外，也解決了亂尿尿和弄亂衣櫃等原本讓人煩惱的問題。

溝通師、飼主、寵物的三方關係

溝通是雙向的，動物溝通的目的在於飼主和寵物雙方的理解與協調，絕非要求一方委屈配合。曾經在實務上遇過以下案例：飼主在狹小的套房中養了四隻貓咪，貓咪和飼主都不開心；空間狹小無法增加砂盆和動線，導致許多衝突，但經濟上有所限制無法及時修正，只好透過溝通要求貓咪「要乖乖的、不要亂尿」，但若生活上的障礙不能改善，那麼溝通的效果自然有限。

相較個案L，透過催眠「成為」自己的寵物，在催眠過程中覺知貓咪對家內動線、貓砂盆和食物的不同需求，並在療程結束後積極修正，正面改善了原有的問題。

動物溝通是溝通師、動物和飼主的三方關係，需要三方的彼此信任，溝通關係才得以建立。

坊間有許多動物溝通課程，有興趣的人均可參與和體驗，它並非多艱澀困難的技巧，但溝通訊息的穩定，確實與溝通師本身的修持有直接的關係。所謂的修持，也就是保持平靜與安穩的內在作業，讓自己的能量狀態平穩擴張，在建立關係的同時即刻開啟療癒的可能。

而催眠，得以迅速讓人進入穩定狀態，暫時拋下恐懼與煩擾。在動物溝通上，就是帶領飼主進一步看見寵物的需求，更進一步去理解那些因寵物而起的負面情緒，究竟是寵物帶來的，或是我們自己創造的？或是我們自己的不願意放下？

動物教我們的事，是全然的愛與信任。死去的，不再有肉體上的苦痛與掙扎，在一個所謂天堂的地方，沒有不快樂的動物。而我們還活著，表示我們還沒有學好愛的課程——請讓自己努力學習如何愛。

要怎麼學習呢？

也許凝視著自己的寵物，我們可以得到一些答案。

當靈性遇見催眠

文／陳柔穎（Chen Rou-Ying）

陳柔穎（Chen Rou-Ying）

專長靈性占卜、天使傳訊、能量調整、動態靜心課程帶領、內在小孩療癒、靈性催眠會談、協助探索情緒、關係與人生議題。

臉書粉絲專頁

陳柔穎

身為一名靈性傳訊者、能量療癒師、占卜師，我們總是站在為當事人精準並看見問題的角度，協助當事人作生命的穿越改變；這是我習以為常的服務型態。

靜心與靈性修持對我而言就如生活中時時刻刻的覺察，卻無法簡單地用言語表達，尤其缺乏系統性或明白簡易的方式讓一般人了解，所以我開始為身邊的人找尋最舒服、放鬆的方法，並且有系統的開啟自我覺察的旅程。

落實生活覺察

催眠是一個非常好的介質，當進入trance的狀態裡能營造一個安全空間，發現許多埋藏心底非常深層或無法跨越的情緒，甚至是某些遺憾或身體引發的病。如同站在滿是鏡子的空間裡，能從各種角度找到生活中的反覆循環及被捆綁的制約，進一步抽離角色看見一切事件的發生。也因為這樣的自我看見，當事人似乎感受得更強烈，擁有更多的抉擇和接受的力量，挖掘更深層的真實，接納當下並且運用在生活事件中，提升改變現狀的能力。

在催眠修業的那一段時間裡，遇上家中長輩離世，整個家族陷入感傷，特別是某位對離世長輩有著濃厚情感的家人，而這位家人也因年紀跟身體上的病痛，不能夠承受這麼強大的哀傷，好幾度在情緒高漲的狀態下，出現了輕微的呼吸困難。

當下我一直思索，人們似乎都能理解生命必然的生離死別，但在來臨時，我們又該如何跟這樣的情緒好好相處——這就是我一直以來，想給出來的靈性陪伴——當時腦海閃過在催眠修業裡運用的漸進式放鬆，於是我走到這位家人的面前，輕撫著他的頭髮，用很緩慢、溫和的聲音引領著：「慢慢讓淚水流下，慢慢帶著感覺，調整呼吸。試著讓情緒藉由呼吸緩慢下來。哭累了，就試著慢慢閉上雙眼。腦海中出現任何與這位長輩相處的畫面，就好好去感受，好好去道別。」

我看見他的呼吸緩和了下來，甚至也能說出對這位離世長輩許多從未表達的心情——一個好好的道謝、最後的道別，以及始終沒說出口的遺憾也得到了釋懷。

藉由漸進式放鬆的引導，就能將難以言語的情緒緩緩梳理好。如果無法接納靈魂的生生不息或宇宙的一切運行，至少能在每個當下與自己好好相處、與環境好好共融——這就是我想帶著身邊的人去覺察地活著！

提升靈性感知

在trance的狀態中也能釐清「這一世」。在某些古老的文化歷史甚至是傳說中，可在萬物與能量不變的定律裡與自己的累世靈魂接軌，而催眠確實能夠讓我們有這些感受，甚至在催眠的狀態中能說出不曾學過的語言、進入從來沒去過的時空背景、達成平常難以完成的挑戰……這或多或少都與細胞的靈魂記憶和曾經的經歷有關，然後在trance狀態裡，一一被挖掘出來。

萬物皆有它的意識，當然人類細胞也「記得」了物種被創造時最健康年輕的狀態，以及衰老生病的因子。在trance狀態，喚起了細胞的再生記憶，身體跟一些器官自然進入修復與再生，而這本來就是我們的自我治癒能力，也就是經由活化DNA讓生命保持年輕，讓意識與心境維持最佳狀態。

潛意識像是一個巨大的資料庫，催眠就像你拿著一把萬用鑰匙，逐一探索每一扇門背後暗藏的資料。我傳遞著這把萬用鑰匙，帶領當事人藉著他的潛意識意願，開啟當下看見的一切畫面，並去掉空間、道德、是非及所有物相世界的限制。在潛意識裡頭，就像串起了所有意識的網絡，開啟當事人與生俱來的天賦，與自我的內在靈性接軌。

回到最高的生命品質，不再只是修行人才能做到的事。在催眠有系統的引導下，每一個人都可以體驗這些感受，也在催眠練習中學到了等待、緩慢與安住。

潛意識的創作

那天下午，我們漫步到一個大自然的空間，這樣的環境讓我更容易放鬆。一閉上雙眼就聽見輕柔的水聲、風聲，跟著催眠師的帶領，手腳感到越來越輕，連一直干擾我的背痛也消失得無影無蹤，很快的，我進入了trance狀態。我在一個黑暗的地方，有點緊張，「為什麼我都看不見？」我很努力想看見些什麼，忽然，我意識到我站在很多條路與門的正中央，地板則一片漆黑且不斷延伸向外，直到碰到門和路時，又瞬間變成了星空的顏色，閃閃發亮。而道路和門開始扭曲，不斷扭曲旋轉讓我好暈好想吐，快要站不穩，就像整個世界都轉動得好快！（在描述這些內容時，我似乎又進入一模一樣的感受裡，不停地旋轉！）

記得那當下，催眠師問我還能不能忍受、能不能繼續，而我知道我還可以。因此，在引導下我嘗試著跟上快速的世界，一切似乎稍稍慢了下來，但力量卻開始拉扯，把我壓向右後方，地板跟著前後晃動，像地震一樣——第一次，我對自己的世界感到恐懼，控制不了也無法抓住。

最後催眠師引導我停在那個控制不住也抓不住的感受裡，試著縮小無法控制的感覺。不知過了多久，世界開始緩了下來，我漸漸能在放慢步調中與恐懼相處，減緩被它影響的程度——原來這是我跟自己相處、跟環境相處的方式；原來我能和這始終停不下來的空間一起合拍，有著相同的韻律。

是啊！這就是我的力量，一個運用我自己的方式找到的安穩。在那緩慢的引導裡，我將這安穩的力量與引導放進了我的胸口，深化著由內而生的自我信任。

我含著感動的淚水，慢慢地被喚醒。

這些恐懼、旋轉和暈眩足以提醒我世界的變化，以及對未知的害怕。然而，有了這一次經歷，我清楚明白不是所有的事情都能被掌控。我相信在未來，當無力、迷失來襲的時候，只要把手放在心頭，感受自己的力量，這力量就能從四周不斷的吸取回來。這如此深化又能快速提醒自己回到平靜的能力，將成為我改變生活的武器！

內在小孩

渴求愛、追求愛、反覆地相信與不信任自己，這些對我而言是一趟很漫長的旅程，甚至問自己：「我活在這裡的意義？」

緣分的帶領，讓我遇見了催眠師，僅第一眼我就覺得她無比親切與熟悉。她帶領的「與你的內在小孩對話」是我第一次接觸的集體催眠；帶著好奇與一些些緊張，我闔上雙眼將所有不安和焦慮，交給那沉穩帶領的溫柔聲音，然後全身肌肉靠在椅背上逐漸放鬆，而意識清晰地盯著闔上眼的漆黑。忽然間，眼前乍現了光與畫面。

我看見自己乘坐一朵軟綿綿的雲，在好天氣中飛過一大片綠油油的草地，但眼前的畫面又不斷變更，我還搞不清楚「它」究竟帶我去哪裡。之後，非常突然且沒有邏輯的，我在一座偌大的樹屋裡，可是向前直直望去，一道又一道數不清的木門「蹦——蹦——蹦——」開了門，彷彿在呼喚我，「走進去吧！」

一位看起來既冷漠又熟悉的小男孩，站在房間的正中央側頭盯著我看。充足的陽光從兩扇大格狀木窗照了進來，卻沒有陽光該有的暖和。散落一地的是尚未拼湊齊全的拼圖、凌亂的蠟筆。蠟筆的痕跡一點也不規矩地畫到了圖畫紙外面——是個調皮的孩子呢！而門口的正對角，沿著牆壁放了兩排肩並肩的床，而不是一張安穩的床；這樣的場景令我匪夷所思也最印象深刻。

沉默、不發一語的男孩那憂傷空洞的眼眸拉住了我，而我也明白他多渴望有一個不離不棄的玩伴，於是我席地而坐和他玩遊戲。畫面又跳得很快，我們突然站起來，他要我說愛他，並問我能不能好好抱著他，給他一個溫暖？我感到驚慌、失措，拔腿跑出那個房間，留下他一個人。

我死命逃向那長不見底的走廊，伴隨而來的是沉重難受的心痛。這不是奔跑所造成的，而是對自己的不負責與不理解。「不行，他很需要我！」一句表露無遺的真實從心頭冒出，我拚了命的掉頭飛奔回去，就怕他就此消失了、不再愛我了；我也是如此的害怕。

我衝回房間看見他無神的站在那裡，便跪在地板環抱他小小的身軀，大聲哭喊著：「對不起，對不起，我很愛你的。對不起，對不起……」像是把所有難受與害怕的情緒都宣洩了出去——你能想像抱著另一個自己痛哭流涕的感覺嗎？大概就是那樣吧！讓人感動卻特別難受的一個場景，但也就這樣跟自己和解了。如果連自己都能原諒自己了，還有什麼過不去呢？

上述這幅場面，我永遠都忘不了，就像親身的「真實體驗」。也是這樣的體驗讓我第一次恍然大悟，過去到底對自己有多不誠實、多不善良，甚至假裝聽不見心靈哭泣的聲音。在誠實的與自己相應之後，我明白原來不是生命的漫長與頑固無趣，而是自己一直不願意走出那個無底洞。我開始學著問自己多一點意見與尊重，也學習面對自己內在的傷痛，進而療癒生命的每一步。

輕盈的看見生命軌跡

身為療癒師的我，珍惜每個帶著「相信」來到面前的當事人。為了協助他們，我學習催眠，體會用更柔軟的姿態跟隨當事人的腳步與呼吸，讓同理不再只有同理，而是更濃烈的感同身受。也時時提醒自己，用更寬廣、更尊重的角度，接住他們在潛意識裡看見的一切畫面與感受。他們的「自我看見」讓我在協助他們的過程中，不再需要那麼用力，而是一份輕盈卻貼近他們的「看見」，撫慰他們的心靈。

我始終相信，生命都有治癒自己的能力，只要回到心底的意願，看見問題接納當下，就能對焦一切的核心。療癒並不難，雖然生活難免暗藏壓力，總有些無法立即解決的問題和無名的情緒，只要我們能夠試著讓自己安靜，好好梳理情緒，用平靜心看待外在的紛擾，生命就能學到在浪裡的順流、風雨的安住。

催眠，是更深層的放鬆、更清澈的看見，是在時空中找到與自己相處的學問。當你願意善用，它絕對是個能協助靈魂啟動靈性之門的樞紐。

心理師的動物溝通

文／孟婆（黃孟寅）

孟婆（黃孟寅）

我是孟孟（孟婆），是澄識心坊的動物溝通講師。能走向動物溝通，一切是從催眠開始的。我的工作是心理師，平常在大專院校、各級學校透過心理諮商照顧人心。心理諮商的訓練多是在意識層次裡，但一個人的行為、想法、情緒往往與過去生命有關，為了更能幫助每一個來訪者，我開始接觸催眠——一種不易觸碰的潛意識層次。專長：兒青發展相關議題、生態系統工作取向、心理相關訓練與督導、動物溝通。

臉書粉絲專頁

當心理師戀上心理師，
彭公孟婆伴嘴聊人生

無心插柳，柳成蔭

催眠治療在心理學裡不是催眠表演秀，也不是將人迷暈了，做出不願意做的事情。催眠在心理諮商裡是一種親切與尊重的療癒方式，透過感受、透過潛意識的圖像，讓內在的心得以安頓。

動物溝通則是另一種透過潛意識與動物們交換想法、圖像、感覺的訊息傳遞。在學習催眠的過程裡，我變得更相信自己的直覺與內在感知。一開始我學著拿下習慣的意識與主動，學習迎接身體當下的感覺，也學習被動地接收情緒的自然湧現。

有一次我正在自我催眠時，聽見窗外的小鳥嘰嘰喳喳叫著，忽然間彷彿有一句話在我腦中浮現：「這裡！這裡！」

我望向窗外，一時間許多麻雀飛來，這讓我有點懷疑，又有點吃驚，我想也許只是錯覺吧！後來，我先試著感覺自己養的吉娃娃，盡力不用過往的經驗或常理去分析，單純的接收與感受。試著單純的專注在直覺靈感中，就像催眠過程一樣，單純的接收圖像的自然發生與湧現。

我將這些事情與催眠導師渤程討論，他非常接納我的感受，一方面告訴我可能的理論與他自己的相關經驗，另一方面也邀請我繼續嘗試。於是，我嘗試跟身邊朋友的各種動物相互溝通。在這過程中，起初不免很質疑自己，也產生很多疑問，所幸渤程老師常與我討論這個部分，我才漸漸知道該如何確認、調整，甚至強化感受等等。透過一次次的催眠放鬆與喚起潛意識狀態的練習，我接受到的資訊越來越準確，不知不覺地就開啟了一趟又一趟的神奇溝通之旅。

回想一路的過程，至今有時我仍然難以想像，我已經開始與動物溝通了。是的，連我自己也難以想像！但訊息被一次次的驗證正確，我只能十足肯定地認為這種能力確實存在。

有人說，跟動物溝通的能力是與生俱來的通靈。我相信有人是天生的，但我知道自己是後天學習催眠而來，甚至與其說是學習而來——不如說是找回了這個能力。一般人在現今教育與社會期待裡成長，被教導很多社會性的互動與知識，被期待能立刻解決問題，被教育得不要有情緒——快樂也不能太快樂，難過也不可以太難過——彷彿人類與生俱來的本能都不該出現。接觸心理學後，我知道原來負面情緒需要被接納，更應該被看見。但越長越大，我們卻越來越少情緒、越來越少真實，也越來越少感動，那些與生俱來的直覺能力，也跟著不斷縮減、不斷漸行漸遠……

動物溝通就跟我們的視覺或聽覺一樣，是一種人類本有的能力，透過學習與練習，我們都能喚回這項傳遞愛的能力。現在我也透過課程幫助許多人開啟了這項能力；這是一種很特別的經驗，不僅學到獨特的一技之長，更重要的，我們的心都因此更安定——那是一種厚實、安穩的寧靜。

什麼是動物溝通

看到這裡，你或許有些了解，動物溝通是一種靠著潛意識、直覺為媒介的溝通方式。這種訊息的傳遞與五感相似，一樣有視覺的圖像、聽覺的聲音、嗅覺的味道、味覺的感受，以及感覺的情緒經驗，卻又與我們本來擁有的五感不同，而是一種彷佛「想像」到的感覺。就像催眠治療，我們的「看見」也不是真正的用眼睛看見，而是就那麼「出現」在我們的感官世界。

在一般的意識層次裡，有些人的聽力比較好，有些人則是視力比較好，在進入了潛意識狀態，也就是澄識狀態（trance）下，有些人的視覺圖像較多，有些人可能是味覺的感受度比較強，每個人與生俱來的直覺能力都有所不同。我與動物之間的溝通內容則是以圖像、聲音，以及感受為主，有時是一個靜態的象徵性物品或影像，有時是像電影般動態性的播送，也有時是叫聲，或是某些身體感受。

怎麼進行動物溝通呢？

當我接案的時候，習慣提前一小時準備，一方面放鬆自己的心情與身體，透過自我催眠的方式進入trance狀態，並在這個狀態待一會兒，鬆鬆自己，也慢慢的開始與毛孩子們連結。

彼此連結的一開始，我們就像初見面的朋友，得建立關係，讓他們認識我，而我也認識他們。這一段彼此了解的互動，是一種尊重，也是一種合作性的心理位置。我們彼此自由的表達，沒有特別的要求，更不是像法官問話般的一問一答。我會仔細且專注的聽動物們想說的話，就像我們在心理會談室時專注、尊重每一個來訪者一樣——表達我們的心意，也創造一個真正無條件的關注，一份深深的接納與自由空間。

我發現，動物們很單純又善良，很多時候在這個階段他們便會表達出內心的感謝與被療癒的感覺，而這份自由往往也帶給我們彼此更多的驚喜與靠近。

這一路上遇見了很多動物，有貓貓、狗狗、可愛的小老鼠、俏皮的鸚鵡、刺蝟、變色龍、蛇、烏龜、馬、猴子等等，即使是同品種的動物，卻有不一樣的性格與溝通方式。就像我們人一樣，有些人個性開朗外向，有些人則是慢條斯理的穩定。

我記得有一隻貓咪叫做卡卡，她讓我印象滿深刻的。在與她溝通的時候，卡卡就像一般貓咪一樣，與大部分的狗狗相較起來比較有距離。那個時候我並沒有要求或做任何的強迫，我就在那慢慢的陪著她。我認為無論是人或動物，都應該被好好對待，都應該平等的尊重與關注，所以一開始我總是會等待，耐心的邀請他們；這個過程裡需要我們願意尊重的心意，也要能保持內在狀態的安穩。我記得那次等待了大約十分鐘，漸漸的卡卡對我感到好奇。就這樣，她慢慢開始靠近。在我們兩個的小世界裡，她讓我看見她伸懶腰、趴躺在陽光下，還有一些走動的模樣，她有時會移動身體的姿勢，有時候對著我喵喵說話。卡卡開始表達很多很多的親近，也同時呈現著屬於她的特性與世界，這時候我才會與她進一步溝通與談心！

尊重、平等與愛

溝通的過程中，我同樣帶著尊重與呵護的心，結合心理諮商的訓練，溫溫的伴著卡卡，讓她用她喜歡的速度，彼此靠近。漸漸的，卡卡透過一些畫面的來回，呈現出家裡的場景，像是客廳和臥房的樣子，還有她躺在地上四腳朝天玩玩具的可愛樣子。卡卡描述飼主房間的擺設與環境，也會自然的告訴我，她平日跟媽媽互動的位置與距離，還有一些她日常生活的事情、興趣、開心，以及她對照顧者的感謝與心意，她甚至會用很特別的喵喵聲向飼主撒嬌。讓我驚喜的是我也感到她對我的撒嬌，而且非常的親密。我想她能與人如此親密的信任，就是來自於她家人的細心照顧吧。

當蒐集到相當資料，正式與預約者（飼主）彼此溝通之前，我會提前將這些訊息寫下來並傳過去，並且邀請預約者找一個安靜、能全心投入這次會談的時間與地點，因為這也是對動物們的尊重與心意，當我們願意留出一個小時的專注，彼此的關係都將會更融洽。

提早傳送接受到的資訊，是因為我很清楚的知道這些資訊中有八、九成是正確的。正確的動物溝通可以事先知道資訊，但這過程也像人類的溝通一樣，每次對談中仍可能有彼此會錯意、表錯情的狀況，所以我會邀請飼主一同確認動物們的訊息。

溝通師只是促進溝通的角色，沒有比較出眾，更不該位居高高在上的地位，所以我們需要「一同確認」。更因為真正了解動物，真正要回到生活中彼此相愛的，是親愛的飼主與毛孩子們，所以要「一同確認」。我堅信萬物平等，沒有所謂的大師或老師，我們都是彼此的老師，也希望透過這樣的過程與心意，傳遞愛與尊重的概念，期待每一位有愛的飼主與毛小孩們，更能在生活中學習到彼此尊重與內在成長。所以，我透過「一同確認」的方式，將每一個珍貴的訊息與飼主核對，一方面邀請飼主在確認的過程讓彼此更靠近，也透過驗證讓飼主們安心這些訊息的真實性。

後來卡卡的飼主也分享了實際生活中卡卡的模樣，她不論跟家人還是外人，都需要等待一陣子後才比較願意親近，但卡卡一旦確認後，會非常可愛的向飼主撒嬌，做出各種讓人融化的親密舉動，所以大家都很疼愛卡卡呢！

我很喜歡與飼主一同踏入動物的內心世界，帶著飼主一起靠近毛小孩，一起細數彼此的每個喜歡。無論是花瓶間的縫隙、廚房地上的瓶罐、還是卡卡家裡線香的味道、房間的彼此時光等。有時候，我們會一起像姊妹聚會一樣跟動物們細數的動物們對於其他家庭成員的看法，我好喜歡溝通過程中的這段時光，那讓我們彼此之間不只是一個溝通師與預約者，而是一起分享生活點滴的交心夥伴，聽著飼主分享著很多家庭間的互動和趣味，那是個暖洋洋的時光，每次回想這些點點滴滴，臉上都會自然的微笑呢。

每一份願意理解彼此的心意，讓關係都更靠近，就像在溫暖斜陽的午後，我們坐在舒服的小圓桌，看著天空的雲朵、大地的芬芳，自在的分享心裡話。我很幸運，這是一份全世界最幸福的職業，因為每一天，我都讓彼此的心更加靠近。

動物溝通入門練習：放鬆自己

我很喜歡這個職業，我也好想分享給你，而這一切只需要從懂得放鬆開始。下面是我很喜歡的催眠放鬆導引，今晚就從練習放鬆、練習好好睡一覺開始！

然而，在放鬆導引前，找一個舒服的地方，把光線調到舒服的亮度。可以坐著，也可以躺著，就是找到最舒服的姿勢，一個可以完全放鬆的姿態。

等一下，我們要進入一個完全放鬆的狀態。我要邀請你用你的想像力，慢慢地去感覺全身的放鬆。

現在，請做幾個深呼吸。當人深呼吸的時候，血液流速自然會變慢，身體自然會慢慢靜下來。當你準備好，就可以閉上眼睛，緩緩放鬆下來。

慢慢的，把注意力放在頭頂上面，放鬆你的頭頂……無論你知不知道什麼叫做頭頂放鬆，都不要緊，不需要出力就是放鬆了……感覺頭頂不需要出力的感覺，自然的讓它在那裡，放鬆著……

慢慢的，額頭不需要出力……眼睛也可以放鬆……鼻子放鬆……兩個臉頰完全的不需要出力……完全的放鬆你嘴唇周圍的肌肉……讓上、下牙齒分離，完全放鬆……下巴……感覺那個放鬆持續的擴散……來到你的左右耳朵……甚至是整個後腦……整個頭部完全放鬆……

現在頸部放鬆……一直放鬆到肩膀……感覺你的肩膀放鬆……感覺非常的舒服……讓你的手臂放鬆……左右上手臂……手肘……手臂……手腕……手心手背完全的放鬆，到每一根、每一根手指頭……想像你的手變得很舒服……放鬆而鬆軟……完全放鬆……

甚至你不知道原來胸口也自然的放鬆了……放鬆你的腹部，感覺那個放鬆……一點一滴的來到你身體的肌肉，你的背後……整個背部完全的放鬆，完全輕鬆……很放鬆……很輕鬆……

甚至臀部……大腿……膝蓋……小腿……到腳踝……腳底板完全放鬆，完全輕鬆……到每一根每一根腳趾頭……完全的放鬆下來……

請你仔細的感覺全然的放鬆，完全的放鬆，完全輕鬆，也許放鬆後想要吞口水，若你覺得需要吞口水，你可以吞口水……而你仍然會感覺全身的放鬆……

等一下請你自己從一數到二十，每數一個數字……你都讓你自己更放鬆……進入更深的 trance 放鬆狀態。

一，越來越放鬆……二，進入更深的狀態……三，往更深的狀態前進……四，打開你自己，迎接更深的放鬆，更深的輕鬆……五，完全放鬆……六，完全輕鬆……七，更深、更深……八，越來越深……九，完全放鬆……十，更深、更深的放鬆狀態……十一，越來越深……十二，越來越深……十三，非常放鬆……十四，更深、更深……十五，完全放鬆……十六，更深、更深……十七，更輕鬆……十八，更深的 放鬆下去……十九，最深的 放鬆狀態……二十，更深、更深……

動物溝通的真諦

溝通，是為了彼此理解而存在。

溝通，是一種願意，是一種愛。

溝通，是因為愛，而存在。

溝通需要尊重、需要平等的心。

溝通，是為了幫助我們理解，理解我們的渺小、理解世界的浩瀚。

溝通的真諦，是幫助我們理解，所謂的珍惜，所謂的活在當下，感受每一刻。

我是動物溝通師孟孟，祝福有愛的你們！

自助助人的修行之道

文／潘怡今（Regine Pan）

潘怡今（Regine Pan）

一個小小的產品企劃，帶著追尋自我之心，走上一條自助助人之路，是一位 NGH 催眠師，一位陪伴著人們進入潛意識的澄識催眠師。

臉書粉絲專頁

潘怡今（Regine Pan）

緣起——迷惘

為什麼會接觸催眠？我想可以從我的童年記憶談起。

很小的時侯，常常在做某一件稀鬆平常的事情時，會不禁想著——我是誰？看著自己的雙手想著為什麼這是我的手、我為什麼會在這、我的家人為什麼是我的家人？

在當時學齡前的年紀，我著實在大人的眼裡是個怪異的孩子，很愛哭又時常發呆，常常讓長輩很傷腦筋，儘管身邊沒有可以給予引導的長輩，但心中仍有股很強烈的念頭引領著自己一路尋找著，即使當時不清楚目標是什麼。

一路的成長，因為從小就很敏銳的能夠感受到其他人的情緒和想法，甚至可以看到畫面或接收到訊息，因此在求學、工作的團體中時常扮演著傾聽和引導的角色。透過隨手得來的方式，有時是卜卦、有時是紫微命盤、有時是星座，到現在常用的塔羅牌和獨角獸卡，甚至只是一般通訊軟體的談話。

似是解惑的過程中，我的內心卻對這些運用各種工具的解惑方式感到迷惘，對於過程中腦海浮現的畫面與訊息，總是忍不住感到懷疑，不明白這樣的畫面或訊息從何而來又該如何判斷，加上經歷過幾次無防備的說出接收到的訊息，對方因此而感到害怕，逐漸疏離，因此我開始有所保留，不願意面對自己真正感受到的訊息或畫面。

出於一股也許可以找到答案的念頭，我從小就接觸過許多宗教，雖然家裡信仰道教，國小應同學的邀約到各種教會參加過活動、高中時期曾經跟著當時的國文老師和一群同學們到佛寺跟著一起早晚課，初出社會時也經歷過一貫道的點傳，但一直以來都找不到我心裡深埋的答案。

我常想——也許也有很多人跟我一樣？心裡其實有著一個答案，卻不得其門而入，然而這所謂的「心裡」又是哪裡？該怎麼探尋？怎麼樣才知道自己已經找到？一連串的問號、不停歇的探尋，疑問連接著覺察、覺察又產生了新的疑問，逐漸的，如同種籽落地、發芽、茁壯，累積成一顆仍在成長的大樹、而我遊走枝椏、葉梢，仍在尋找⋯⋯

工作幾年之後，遇見了第一位讓我有踏實感的師傅，也走進了靜坐冥想的世界，學習著摒除太多的雜念，在靜坐中安然的感受自己，當時很深刻的感受到——彷彿是通往答案的一把鑰匙，透過每週一次的聚會，我們討論工作、談論生活，聊著各種宗教也靜坐冥想，那兩年的時光裡，我透過靜坐冥想和朋友們的討論中，第一次接觸到「靈性」一詞，當時理解為累世累積的生命經驗呈現於此世腦海中，即為靈性。某種程度上，讓我開始能夠接受自己，但卻又少了些什麼。

一路上的追尋、思索，時而困沌、時而清明，一路上的經驗讓我發現自己雖然仍在尋找心中的答案，卻也希望可以運用自己的能力，陪伴朋友們走過生命裡的渾沌，朋友們總是笑稱我是明燈，我卻覺得每一個有緣的朋友都是我的明燈，每一次的言談都提供我反思的線索。

大約七年前，搜尋到催眠的課程，看著課程的簡介，大約明白了也許我可以從課程中尋找到一些什麼。

我一直礙於年紀尚小的孩子未能參與，但我想也有一部份是因為我對於當時看到的課程內容無法提起動力，總覺得雖然是個途徑，卻缺少了些什麼……

一直到去年，生活中的磨難讓我的心裡如同火山爆發般，無法平衡的心理狀態，時常讓我感到痛苦又困惑，心裡總是盤旋著一個想法：為什麼？為什麼？為什麼？無數個找不到答案的「為什麼」，日日夜夜在心裡凌遲著自己，日復一日的重覆著工作、帶小孩，感覺自己毫無希望卻又想試圖抓到些什麼，痛苦又矛盾之下，我知道是時侯該走出去了，我必須更積極的去尋找面對的方式。

天助自助者，於是——我接觸到老師的 trance 澄識催眠。

過程——尋找自我

看到渤程老師的課程說明，有種我必須排除萬難的急迫感，彷彿很清楚的知道在這個十堂的課程中，我不只能得到尋找答案的能力，還能幫助更多像我一樣迷惘的人。

從前，接觸過靜坐冥想，卻不知心能靜下是多麼重要的事情。透過老師的循循引導，每次課堂中與同學的實作練習，我們就像一面鏡子，映照著他人，也重新面對自已，放下意識的防衛，我慢慢的開始面對這一段情緒風暴的歷程。

每一次的課間實作，透過同學們的催眠又或者我催眠同學，心裡總是有不小的衝擊，潛意識是多麼的廣大，在我們的腦海中自成宇宙，蘊含著無數的經驗及記憶，甚至不是今生。此時我對於「靈性」的理解有了變化，如果把潛意識比喻為一個隨身碟，那麼靈性則是從很久很久以前就開始累積的生命經驗，雖然感覺玄幻，卻是每個人皆有。

而每一次課程中間的空白、每一次的靜心思索，都讓曾經澄識中的過程更加完整及清晰。

逐漸的，我開始面對心中的每一個「為什麼」，並且了解自己在潛意識中的真正感受，細細的感覺自已的感受從何而來，原本心中如炙熱的火山，澎湃洶湧一觸即發，在接受了自己後，卻彷彿化為大海細細的將情緒歸整涵納，時而平靜時有浪潮，卻像有了歸屬一般，因為接納、被理解，總能回歸平靜，待自己細細的琢磨。

透過對自己的理解及接納，我感覺到人於此生中，也許掙扎的、痛苦的、追尋的、困惑的並不是一個答案，而是理解，一個對於我們深埋於潛意識的經驗或過往，需要的並不是一個解答而是情緒由何而生的原因。

以我而言，我在一次催眠練習中，透過同學回到了一個古老書房，思念的眼淚無法抑止，在澄識中，環顧這個令人思念的空間、浮現了曾經在這個空間生活的畫面、找到了在急迫離開前藏起的書本……即使在催眠結束後仍有種不能自己的嚮往。

回到了生活中，帶著一份接納的心情，在思考時、夢境裡，任由一個個畫面浮現、感受，一連串的過往透過片段串接，在不疾不徐、不逃也不求的狀態下，我完整了潛意識中深埋卻一直在意識上追尋的一段過往，並且也明白了此生際遇竟皆為自身所求。

這就是催眠奇妙之處，不只是當下深入，更是喚醒潛意識的一個技巧，只需要靜靜的接受訊息，就能明瞭。

自助助人

曾經我以為自己只是在經歷著一段自己覺得辛苦的過程，明白了自身所求後，對於每一段歷程，我不再只是單純的覺得辛苦而想逃避，反而能夠停留於當下，感覺自己的感受、從每一段悲喜交織中去看待生命給我帶來的課題，每一個事件都讓我更深刻的理解自己，透過這樣的反覆，讓自己更能夠在面對每一位帶著困惑的朋友中，陪伴他們看到自已的生命課題。

在有次下課回家的路上，恰巧和同學vivi同車一段路，期間我聊到了自己的狀況，vivi給了我很大的鼓勵，道別時，她用著亮晶晶、誠懇又溫暖的眼神看著我說：我覺得，妳以後會遇到很多跟妳一樣的人唷！妳一定可以幫助到他們！

帶著老師的肯定、同學們的祝福，我的助人之路又開了另一個不同的可能。

面對——求而不得之苦

人生苦在不可得，但求的又是什麼？許多人的心中和我一樣存在著迷惘。

我和小萍是在一個母乳支持社團認識的，在那段很需要支持的時光，我們一起擔任社團的管理員，協助需要幫助的媽媽們在母乳哺育上能夠順利些，即使緣份的流轉讓我們離開了社團，時空的間隔讓我們一個在台南、一個在新北，但我們仍能透過網路在messenger的群組中交流著彼此的生活和感受，因為有這段緣份，小萍成為我的第二個個案。

在一個晴朗的午後，小萍和我約在台北見面，我如此幸運能陪著她一起走入她的潛意識裡，其實我們心裡都很清楚，小萍的狀態來自於她的原生家庭，長久以來未能癒合的傷口，並不會因一次的催眠就瞬間痊癒，也因此，我和小萍時常透過messenger聊聊近況和心情，以及關於曾經進入的澄識催眠狀態。

「如果有一個人很想去死，可是卻沒有勇氣去死，我該勸她努力活下去嗎？」

某天夜裡messenger傳來小萍這樣的訊息，看似問朋友的狀況，其實我感覺得到，朋友就是她自己。

「發生什麼事？」我打開了一道傾訴的窗。

「她感覺不到她老公愛她，就算每個人都說她老公很愛她，她也感受不到對方真的在乎她，看起來……他們個性很不合，她覺得她老公沒有辦法接受她這個人。」即使只是沒有溫度的文字，都讓我感受到小萍絕望的情緒。

「從哪裡感覺的呢？」我問著，「她是一個什麼樣的人？」

「她是一個很需要感受到被愛的人，可是在她老公身上感受不到被愛、被需要……她討愛的方式，她老公覺得很愚蠢又很悲哀！」這段文字透過messenger，我彷彿看到掩著面哭泣的小萍。

因為缺乏父母陪伴，總是讓小萍想緊緊抓住些什麼，未曾被滿足過的安全感潰堤，常常讓她在面對伴侶非期待中的反應時，感到被忽視及拋棄，彷彿生命經驗的重現，再度的陷入不可得的恐慌，進而想逃離這個令她崩潰的世界。

文字交談中，我帶小萍回想曾經進入澄識催眠中看到的那顆樹，在那裡，我陪伴著她，我們彷彿坐在樹蔭下交談，談論著她的苦、她的情緒。

「她只是要對方後悔！至少也要讓對方感覺一次她的痛！一次也好！」帶著報復的，她說一次也好，她想用自己的消逝讓對方也好好感覺一次她心中的傷痛，我們又聊著這背後的感受。

「她只是希望對方能跟她在乎她老公一樣的在乎她……」小萍說只是這樣而已，只是想感覺到自己被愛著，如此渴望著別人的贊同卻又害怕靠近，正如同公益催眠中，她站在山洞內，靠在洞口不停的觀望卻害怕的難以踏出去一樣，頹廢得只想放棄……

就像那次的催眠澄識中，因為小萍的渴望卻又舉足不前，於是我引導她轉換場景來到山洞之外，與她想像不同的，山洞外一片明亮，有青翠的草地、悠涼的微風、和分別座落於山坡兩端對望著的兩棵大樹，她坐在枝椏茂密的的樹下吹著風，看著對面山坡那顆光禿的樹說：「如果那顆樹的樹葉能再長出來就好了……」那麼的渴望卻又害怕。

若是在從前，我應該是束手無策又心急如焚的只想勸她珍惜生命吧？而現在，我更能進入她的心中與她一同感受表面的傷痛、憤恨甚至不惜拋棄生命也要拚得對方一次後悔的背後，她只是極度渴望著被愛，卻又害怕關係裡帶來的傷害。

這次陪伴著小萍停留在當下，好好的感覺自己、傾聽自己的聲音，後來她問我該怎麼讓樹長出很多葉子？我說試著好好照顧它，也許澆澆水、施個肥？

情緒些許回復的小萍說感謝我的陪伴，一個多小時，我們一南一北的相隔兩地，生理上我們透過通訊軟體交談，潛意識裡我們卻彷彿走進了同一個空間，我們停留著、感受著、哭著、笑著，然後發現一個可以嘗試的方式就像一個希望、一個亮光、小萍終於伸出手決定嘗試看看。

我一直相信，人一旦心境開始改變，週邊也會跟著開始運轉。小萍的路不好走，但她一直很努力、用心的理解自己，一點一滴的敞開心門接受自己，全然的感受著自己。

「我覺得我好多了！其實我從小就覺得我是一個不被喜歡的包袱，所以我不停的討好、討愛，即使知道這樣對媽媽是一種負擔，我還是不停的討著。在這樣的過程中，我遇到了我先生，我覺得離開原生家庭的我，能夠找到自己，卻發現……我老公也只是媽媽的一個縮影……我覺得好痛苦！我還是沒有自己！我還是得一直不停的討愛……」這是大約經過了二個月，messenger再次捎來小萍的私訊。

這兩個多月以來，小萍很努力的在感受著自己，突然有一天，她收到媽媽傳來line的訊息，在小萍心目中，媽媽一直是樂觀又強悍，即使和父親的離異、獨自一人一邊工作一邊照顧小孩，都沒有被打倒的女強人，而這位堅強的媽媽在訊息中訴說著長久以來承受著的壓力，時不時會衝動的想乾脆就這麼放下孩子，離開人世好了！

「不知道為什麼，讀著媽媽的訊息，讓我深刻的感受到，她是她，我不是她，我是我。」小萍看著媽媽的訊息，腦海中浮現了澄識催眠中看到的大樹以及從小和媽媽的相處過程，因為她總覺得自己是一個不討喜的包袱，為了感受自己是被愛著的，所以她總是不停的用各種方式討愛，看著困擾的媽媽，她仍然無法停止討愛的行為，而每一次勒索般的討愛，都會讓枝葉茂密的大樹飄下些許葉子，剎那間，她發現……催眠中光禿的樹，那些葉子竟然是為了滿足小萍而消耗！

她是如此的被愛著，即使耗盡心力，媽媽也努力的滿足著她，感受至此，小萍覺得自己擁有了獨立的力量，「我現在知道了，我不需要用媽媽的眼光去看待世界，我可以用自己的思想去決定我的人生，我不需要成她，也一樣可以很愛她。」

走出了需要事事顧及媽媽的想法及期許才能得到愛的迴圈，小萍明白了她和媽媽都能保有自己的情況下，仍然愛著對方。

看著小萍在messenger傳來的訊息訴說著她心境的改變，我彷彿看到小萍勇敢的背影，也許人生路還長著，也許一路上仍會遇到許多困境，但小萍堅毅的背影讓我明白：她會帶著愛，努力的向前邁進。

圓滿前世的遺憾

對於「家」的定義，每個人各有不同，關於夢想，我們總難免有些徬徨，若是家庭和夢想之間有所拉扯時呢？我不確定我會怎麼選擇，承受什麼樣的糾結和痛苦，然而我有幸見到了一次經由累世生命經驗累積而成的渴望——對家的渴望和對夢想的堅持。

妮妮和我的孩子在同一個舞團中學舞，緣份很奇妙，我們常常陪著孩子在舞蹈教室上課，而我們也各自在舞團的不同舞蹈課程中學舞，但卻從來沒有接觸過，一直到另一位我熟識的媽媽跟她提到我正在進行公益催眠，於是在八月底的一個大型成果發表會的後台，我們正在後台準備的時侯，妮妮主動和我提起了對於公益催眠感興趣，短短幾分鐘的交談，妮妮原來是位SRT治療師，關於身心靈的領域一直沒有太多的朋友，能夠藉由公益催眠結緣，讓我感到非常的開心。

由於妮妮的工作是排班制，而我是週休二日，原本以為時間恐怕不太好約，沒想到第二次的討論，我們立刻就敲定了四天後碰面，一個她排休而我恰巧特休的週五。

這段感覺輕鬆的澄識催眠之旅，卻在一開始給了我一段震憾教育。

我們開始澄識催眠前期的漸進式放鬆，在進行五分鐘左右時，我看到妮妮轉動頸部，用著和一般人不太一樣的方式，接著，我的內心感到一陣巨大的恐懼感，就像被人威嚇似的，即使努力維持，我仍感覺自己的聲音有些顫抖，當時心裡有個聲音告訴我：是妮妮的守護靈。

接著，周圍的氣氛從原本的平靜、祥和突然劍拔弩張起來，我看著逐漸放鬆的妮妮，一邊持續引導妮妮，一邊自己也閉上了眼睛，想試著和妮妮的守護靈說明澄識催眠，於是我看到了一股憤怒又防衛的能量想保護妮妮，然後我在心裡慢慢的告訴守護靈，什麼是澄識催眠，而我不會也不行對妮妮或讓她做不好、不願意的事情，終於守護靈了解了澄識催眠，在那一剎那，整個空間的壓迫感頓時消息，恢復了平靜、祥和。

短短不到五分鐘內發生的事情，卻像花了一整天的時間一般驚心動魄，二十六度的空調室溫，坐著沒動的我，額頭滴下了些許汗滴，但妮妮似是毫無影響般的進入深沉的放鬆。

於是依照先前的討論，我開始引導一場前世回溯——

「當我從一數到十妳將會前往和今生最有關係的一段前世……」我緩緩的說著，看著妮妮的表情和身體全然的放鬆：「一，繼續專注在呼吸上，二……三，感覺自己的放鬆……四，當我數到十的時侯，妳將會回到與今生最有關係的一段前世，五……六……七，讓自己越來越輕鬆……八，就像躺在白雲一般覺得身體很輕……很柔……九，妳即將回到前世……十，妳現在回到了前世……妳在室內？還是戶外呢？」

「我看到有白色的亮光在閃……」妮妮說著。

「很好，感受一下閃動的白光給妳什麼感覺？」我引導著妮妮感受自己的感覺。

「很雀躍的感覺……很興奮……我看到我自己站在舞台的後台……」妮妮說她看到自己穿著芭蕾舞衣站在舞台和後台交接處的布幕之後，閃動的光正是打在舞台上的一盞聚光燈，「我要準備上台表演了！」對於登上舞台表演，妮妮感到非常的興奮，就好似每天都在做這件事一般，很享受跳舞的感覺、也很喜歡在舞台上展現舞姿。

表演結束後，場景轉換到校舍，「有一排教室，教室裡都是木地板……像舞蹈教室那樣……我每天都很努力在練舞……」妮妮感覺自己每天都很充實的練舞，對於這樣的生活很習以為常。

「有看到其他人嗎？」我再度引導著妮妮勾勒出週邊的互動。

「有……有一位男同學，他也在練舞……我很欣賞他……」妮妮說著時，嘴邊漾起一朵少女般的微笑，她說她看著心儀的同學正在練習，也不斷的精進自己。

時空彷彿快轉一般，當時還是孩子的同學，在另一個場景中以年輕人的姿態與妮妮並肩走著，氣氛愉悅、輕鬆，正當我引導妮妮確認週邊時，妮妮說：「我看到一匹馬……白色的，朝我這邊飛過來了！」遠遠的一匹飛馬朝她飛來停在她的眼前，「妳認識這匹飛馬嗎？」我問著。

「嗯……是我的家人，他要來接我回家……」妮妮的聲音中帶著些許的遺憾和牽掛：「但是我不能跟他回去……原因我不是很清楚……」妮妮撫摸著如同家人一般的飛馬、開心卻又感到遺憾，似是安撫著飛馬和自己。

我們還來不及確認妮妮無法回家的原因，場景再度轉換，妮妮身處於電梯中一路往下，電梯門開啟眼前逐漸景象逐漸清晰，妮妮感覺自己已是中年，擁著權勢、穿著華服，周邊保鏢、隨扈眾星拱月的走在紅毯上，「感覺一下現在的心情？」我引導著妮妮感覺著。

「我覺得……很……寂寞。」妮妮微微皺著眉，彷彿陷在寂寞的情緒裡一般。

還來不及深入的感覺，場景又轉換，「我是一個小男孩，一個人在森林裡玩……」妮妮以一個小男孩的姿態，位於森林中很愉快的玩耍，突然她說：「我看到遠遠的地方……在發亮！……很亮！」妮妮看到遠處樹林深處裡，發出非常亮的光，小男孩慢慢的靠近，卻停下了腳步，不再前進，「我想過去看……可是很害怕……」

無預警的，時空快轉，小男孩長成了大男孩，同樣在森林中，看遠處的亮光。

「看著遠方的亮光，有什麼感覺呢？」我問著。

「……我覺得不敢過去，心裡很悶……不知道感覺……可是我很想過去。」妮妮心裡感到鬱悶又迷惘，透過引導，妮妮細細的感受大男孩更深層的感受，大男孩希望走進那片亮光，卻對未知的未來感到迷惘而害怕，「我想走過去了……可是很猶豫……我的腳還停在空中……」腳步甚至一度停在空中舉足不前，停留了片刻，「好！我要走過去了！」妮妮語氣堅定的說著男孩下定了決心，快速的朝亮光走去，堅定而急促，走進了亮光的最裡端，男孩知道自己到達目標了。

「我到了！」妮妮雀躍的說著，原來這並不如她想像的那麼難。

走出了澄識，妮妮回到了現實，一連串的回溯，我問妮妮：「妳覺得在妳的前世中，跟今生最有關聯的是什麼呢？」

妮妮沉默了幾秒之後說：「我覺得……是家庭。」

妮妮感覺自己在今生確實對於舞蹈非常喜愛且擅長，舞步、動作都難不倒自小學舞的她，甚至上台前梳化妝容時都讓她有似曾相識的感覺，對於前世，她有個遺憾，在她的回顧中感覺前世的自己為了追求所愛的舞蹈忽視的家人，也因此在今生她為了家庭，幾次痛苦的放棄了在舞台發光的機會，妮妮的伴侶看著痛哭的她，心疼的說：「真的那麼想，就去吧！我會支持妳！」然而當時的妮妮正準備懷孕，對於妮妮來說，圓滿一個家庭比追求夢想更為重要。

生產後，妮妮親自陪伴孩子成長，對於舞蹈的熱愛深埋於心，所幸孩子漸長，人生總是安排的如此奇妙，孩子也因緣際會的開啟了舞蹈之路，妮妮也因為孩子不再需要密集的陪伴而再度迎向熱愛的舞蹈。

妮妮說現在的她除了工作、舞蹈之外，家庭也可以照料得宜，加上另一半的支持，她覺得今生似乎就是要來圓滿自己的家庭和夢想，如此說著時，妮妮的臉上漾著光彩幸福的微笑，這樣的幸福漣漪般的感染到我的心裡，雖然曾經走過失去的痛苦，很高興妮妮努力的走下去，而生命也為她安排了一條得以圓滿家與夢想之路。

當時，妮妮也正面臨事業上的考驗，究竟要前進還是繼續停滯不前困擾她許久，她說就像最後一段的男孩一樣，很嚮往自己的目標，卻對未知感到害怕，更對自己的無法抉擇感到鬱悶，澄識中的男孩最後毅然的向目標大步邁進，澎湃的心情在走進森林深處的亮光時仍然沒有平復，沒有她想像中的那麼難，對吧？

她帶著自信的笑容告訴我，這段森林之旅讓她豁然開朗。我知道妮妮眼前的濃霧已散，相信她一定能夠度過事業的考驗，在心裡深深的祝福她。

自助助人之路　我的修行之道

記得之前曾經有人問我對於修行的看法，我在心裡歸納了一下，說：「對於每件事情都能有所領悟，就是我的修行之道。」

無關乎宗教、學派和信仰，我都要用心的對待生命中的任何人、事、時、地、物，並且領悟其中，不斷的感受自己並且盡心的幫助需要我的朋友們。

在陪伴了許多朋友透過澄識催眠感受自己後，更堅定了我的修行之道，自助且

每個人都有自癒力

文／Namu

Namu

療癒師、合一傳導師，專長：靈氣、情緒頌缽、水晶排列、溫薰、催眠等等。

臉書粉絲專頁

午未印工作坊

LINE 好友

走進催眠的第一次

總是在電視上、影片裡看見舞台上有個人做著某些動作，說著某些話，然後彈彈手指，對方眼睛就閉上呈現睡著的狀態，隨之而來的就是跟著下指令的人做著動作，我想很多人跟我一樣都認為原來這就是催眠啊，但等我真正的上了催眠課程後，才知道其實不然，它只是催眠的其中一小部分。

三、四年前經歷了一場自我無法接受的過程。那時因為朋友的原因，我遭人懷疑，身邊的人也一個個離開我，家人也質疑我，幾乎只剩下一兩位朋友還信任著自己。我每天不斷地問自己到底怎麼了，明明原本大家都好好的，怎麼出國回來後忽然間都變了？直到偶然間，剛好聽一位朋友說著她去催眠的過程，我好奇的跟朋友要了催眠師的聯絡方式，想要去一趟「催眠的旅行」。我不知道催眠能幫助我什麼，可是我相信當我覺察這樣的訊息是因為我需要。

當我第一次踏進要做催眠的地方時，有股很香的味道迎面而來，輕柔的音樂縈繞著整個空間，不禁讓人感到放鬆。

催眠師問我為什麼想要做催眠，我說：「我有無法理解的事情……催眠可以幫助我嗎？」她輕輕柔柔的回答我：「也許會，但這過程要妳自己去探尋。」我懵懂的點點頭，催眠師在我的身旁四周噴灑了精油，說這是協助我、保護我而做的一個結界。我很安心的躺在沙發上，催眠師在一旁引導著。我的眼皮逐漸沉重，忽然發現自己睡著了，聽到自己的打呼聲，連忙讓自己的腦袋醒過來，還偷偷的看了一下催眠師，發現她沒有看我，但我還是馬上又閉起了眼睛。然而，就在這閉眼的過程裡，我不知道那是自己的幻覺，還是真的被催眠帶進了潛意識世界裡，忽然間看見了媽媽的影像。

她獨自坐在桌前拚命做著手工工作，而那時的我大約三歲。我環顧了四周，是小時候待的板橋舊家。我定眼在媽媽的背後，覺得媽媽有一種孤單感。催眠師引領我對媽媽說話。我說著說著，淚就一直流，內心覺得很不孝順。以前總覺得媽媽離我很遠，不管跟媽媽說什麼，她都不理會我，像是小時候看到女同學們都留著長長的頭髮，跟媽媽說著我也想要留頭髮，卻總被媽媽剪成西瓜頭。但是，這一刻我發現了原來媽媽一直都在我身邊，只是因為她表達愛的方式不是我要的，才感受不到媽媽的愛。

催眠師問我還要繼續嗎？我搖了搖頭，接著她帶領我回到現實，並且張開眼睛。她接著問我有什麼想問她的嗎？我當下實在想不出來要問什麼，因為那些情緒都還在。

走出催眠的地方，思考著這是催眠嗎？還是自己的想像？

催眠完後又帶給了我什麼呢？

內心不禁對催眠有些期待，期待著可以改善關係——這是我第一次走進催眠的世界。

乍見內在小孩

做著能量工作的我，覺得身心靈就是身體、心理、靈魂要一起。某個機緣下，朋友邀請了一位溫薰老師來為大家做分享和示範，我立刻感到身體的放鬆，便對溫薰產生了好奇，沒多久我就開始去學習溫薰的課程。溫薰是藉由在陶罐裡燃燒艾草產生熱能，進而在身上滑動，達到像古人隔空用艾草薰身上部位的功效，可以放鬆、去身體的濕，還兼顧刮痧功能。在某次學習過程中，被引領著走進了內在世界，我看見約莫六、七歲的自己，站在以前舊家工廠的門前，玻璃門裡面擺滿了一堆冰冷的機台。引領我的同學問我想進去裡面嗎？我告訴他，我不想。他問我，「妳的父母呢？」我搖頭說：「沒看見，只有我一個人。」

他又問：「那妳想去哪裡呢？」

我回答：「不知道。」

忽然場景一變就換到了一個大自然的草地上，旁邊溪水流過，我看見自己很開心的在草地玩耍。只有我一個人，卻不感到孤單害怕。引領的同學導引現在的我跟內在那個我見面，我們一起牽手、對話、玩耍，當我告訴那個內在的我要離開了，她的臉上也是安於自我，讓我很放心的回到了本來的空間。起身後只有一種感覺——是的，那個純真、安於自己的內在小孩就是我。

催眠無所不在

走進身心靈的我，領取了自己的靈性名字「Namu」，自此開始使用這個名字做著療癒別人的工作；藉由著水晶排列、情緒頌缽、溫薰等工具，讓每個人都走一趟屬於他們的旅程。之前不知道原來我在做的療癒引導其實就是催眠的一種，直到上了催眠課，才發現原來我就是在使用著催眠的技巧！

我喜歡用溫薰來讓個案感知身體的狀態、心裡的感受，也利用溫薰讓個案走一趟催眠的過程；有時這個過程是痛苦的，但走過去後卻是甜美的回憶！

很多人告訴我，他們無法出現影象。懂得運用方法的我，雖然之前沒上過催眠的課程，卻明瞭如何漸漸深化讓每個人看得見，上過催眠課後更知道如何讓來的人放鬆、再放鬆。很多人問我那算是催眠的一種嗎？我笑了笑，回答著：「催眠早就在我們生活的周遭裡常常被使用了。」事實上，我們無時無刻都催眠別人、也被別人催眠，當然包括催眠自己也被自己催眠。

個案：不是不愛，而是對愛渴求太多

某天下午，A來電：「Namu，不知道為什麼我的情緒低迷了好一陣子，可是在生活上我過得很好很平順，老公小孩也都很好，沒什麼事情發生，那為什麼我會這樣？」於是乎我們約了時間做溫薰催眠。

碰面後，A立刻告訴我，她曾經做過水晶療癒、純粹催眠之類的，但都看不到任何的東西。我只是微笑著對她說：「妳很緊張啊？」她頓時愣住，然後回答：「對，莫名的很緊張。」我接著問：「妳覺得妳進不去的理由是什麼？」思考了一下後，她回答我：「理智大於情感面。」我說：「那我們來試試看吧！也許會跟妳之前一樣，也許不會，但這過程裡我只要求妳放輕鬆。」

A點頭，看著我說：「前一晚很晚睡，所以等一下的催眠應該是進得去吧！」我笑著問她：「妳認為睡著就是代表進得去？其實睡著就是睡著，是不會進到催眠畫面的。」A這時才有點明白原來催眠不是睡覺啊！

當音樂開始播放，一切就定位，我引導著A放鬆，沒多久她就睡著了。過了一段時間，又忽然醒來，跟我說她聽不到我說話。我回答她：「我現在不是說給妳聽的。需要妳聽到時，我會在妳耳邊說。」這時候A似乎放心了些。一開始沒有畫面，但聽著引導，她看到了。她說：「眼前出現了一團霧好濃！好重！我感覺我就站在斷崖邊，似乎只有一條路，可是那條路被霧包圍著，我過不去。」

我請她撥開霧走過去，A說：「我不要！連伸手都不想！」

我請她退到她覺得安全的距離，要她遠遠的去看、去感覺，問她那團霧集結起來後是什麼？A開始落淚，說：「原來那團霧是我的爸爸跟媽媽。」

引導著A對父母說些什麼，A說：「對著爸爸，我說了對不起，因為我達不到父親的期待（哭泣）。對著媽媽，我無話可以說，因為我從小就感受不到媽媽對我的愛。」

我引導她送愛的光芒給父母，A說：「送了光後，我的爸媽忽然讓開路讓我通過了，但同時我也看到他們的表情像在嘲笑著我，就像嘲笑我做不到。」A開始大哭，我繼續引導她對父母說話，持續送愛的光芒給父母，並且請A也送給自己。等A情緒比較平穩後，再請她繼續往前走，A說：「看到一個矮木屋（清朝式建築），裡面有一對夫妻跟三個小孩正在吃飯，氣氛有點沉悶，丈夫覺得自己能力不好賺不多錢，妻子默默地包容所有的一切。」

我請她去看裡面的哪一位是她，A說：「我是那位媽媽，是個有讀過書的女孩子，會將自己打扮得整齊，把頭髮梳成包包頭，就是一個很乾淨的人。因為孩子都大了，都在外面住，我就經常守在這個家的門口等。」說到這裡，A忽然又開始哭了起來：「我又看著那個媽媽一頭白髮孤單地站在屋子裡，我感到那種孤單的滋味。接著看到那個媽媽生病躺在床上卻沒人在身邊，那種孤單寂寞的感受就跟我現在的感受是一樣的。」

我繼續引導著，等A情緒平穩後醒來。起來後A講著整個過程：「我想，也許不是媽媽不愛我，而是我對愛的索求太多了，才一直感受不到愛，而且原來前世的孤單所以如此渴求愛。同時我也發現自己不夠愛自己，常常批判自己不夠好、沒資格。現在我知道了，我會慢慢改正自己的心態，去觀察我的媽媽，還有自己的內心。」

我們都是一個獨立的個體，有著獨立的感受與覺知，對愛的認定與要求也不同，相對地給予的方式也就不相同。很多人覺得自己的父母不愛自己，事實上不是不愛，而是他們給予的方式不是我們想要的，所以就感受不到。這時候請往後退一步，放下「你希望的方式」，將看見對方給的愛。

個案：與內在小孩連結

B打電話來找我「求救」，說：「這件事情有些時日了，當時跟男友說希望雙方靜一靜。他給我支持，我卻總是在否定自己值得擁有；我明知是自己的問題卻一直對他發脾氣，我真的覺得自己很對不起他。在一個頭痛噁心的夜晚，我腦海中跑過Namu妳的名字，也不管交情到哪，只想要立刻撥電話找妳求救。」

那晚我幫她施做遠距靈氣，我們也約了之後的時間，但始終沒有約定要做哪個部分，只是在約時間的過程裡，直覺地很想連結她的內在小孩。

到了約定的星期六清晨，我跟她說昨天收到訊息要療癒內在小孩，B才告訴我之前也有直覺就是要療癒內在小孩，B說：「從小在閱讀的書中就看到『內在小孩』

這個詞彙，但是隨著傷口被掩蓋，愈加不知道怎麼跟她相處，總覺得她好遠好遠。知道該陪陪她，但要怎麼陪她呢？」我說：「那就讓我們來看看妳的內在小孩，看看她希望妳怎麼陪伴她。」

躺到床上後，閉上眼，沒多久B隨即看見自己走在一條隧道裡，她說：「有個石頭人擋在我的面前，我過不去。」

我說：「拉遠去看。」

B驚呼：「是我的父親！父親守衛著我正在走的這條路。他非常的嚴肅，我連一步都不敢往前。」B這才意識到自己原來這麼恐懼父親，「看著他，我覺得自己的力量正在一點一滴失去，怎麼辦？」

我說些鼓勵支持的話語，B鼓起勇氣往前走向這條父親守衛的路，「快要靠近父親時，父親沒有對我做些什麼，只是看著我走過來而已。沒想到我只是看見他，內心就這麼的恐懼。經過父親身邊時，看見父親的眼神，發現其實父親只是看起來嚴肅，但心地其實很善良；他堅守著他的位置做著他該做的事情而已。」B對父親的那份恐懼漸漸的放下了。

過了父親守衛的路之後，B看見隧道裡的幽暗石窟，有一隻蜘蛛織網阻擋在前。我要她感覺那蜘蛛是誰，B說：「變成我的小學老師了。我知道自己一直很怕她，卻沒想到我恐懼的其實是她那充滿攻擊性的言語或者是行為。」我引導著讓她叫囂出她的恨、她的傷痛，慢慢地情緒平緩了，B說：「蜘蛛落地成為人了，並且說出她對我的歉意。我原本還放不下，但是當我看著她很久之後，突然了解原來阻擾我的蜘蛛網是我的恨意交織出來的。覺察之後，我說我原諒她，網子就消失了。」

我引導著B繼續往前行，到了一個類似房間的石洞，裡面有床、有燈光、有很多東西，B隱約感到這裡是她過世外婆的地方，B說：「我看不到她但是我能感到她的存在。在那個空間裡除了我的惆悵外，滿滿的是她的愛。」我陪伴著她，將那些遺憾得以轉化為祝福，B說：「我看見牆上出現影像（牆變成白紗，上面有投影），一對夫妻抱著一個嬰孩。我心底很清楚外婆現在很幸福。我送出藍色的光，希望小孩健康。」

跟著這隧道走到最後，B到了很遼闊的草原，轉身看隧道，看見隧道的上方是間很美的房子，進去後有叉路。

我問：「妳想往哪個方向去呢？」

B說：「第一個直覺告訴我先往右邊走去。」

我說：「好。」

B說：「這是一間暗室，裡面全部是黑暗的但還是看得見。有些符號和擺設我記不清楚，應該我還沒準備好跟暗室連結吧。再走過去是我的阿公，深愛我但是不尊重我的阿公。」我引導B與阿公對話，B哭到一把眼淚、一把鼻涕，把頭髮都弄濕了，最後又引導她跟阿公和解，離開這裡。

我接著請B回到房子那個叉路入口，改往左邊去，B說：「我就覺得很可怕耶，因為一進去陰風慘慘的。」

我請她停留，B大叫：「有個女鬼張牙舞爪跳下來！我跑回入口了！我可不可以不要進去啊？」我請她再去看清楚，她深吸了一口氣再一次走進去，忽然間B邊哭邊說著看見的情景：「原來那個女鬼是渴望有人陪她玩的小女孩，約莫四歲，喜歡穿著有點巴洛克風的純白洋裝，臉長得很精緻。我問小女孩為什麼要嚇人，小女孩說她很醜沒有人來。純白的窗簾被吹得飛揚，她想要吸引別人的注意，想要分享這個房間很美好，卻沒有人來。她以為自己很醜所以才沒有人來，最後就決定不讓任何人來了——這樣就不是沒有人要來。」

B說：「原來三歲前被獨自留在家裡，我就是這樣的心情。就算今天我接了那麼多模特兒的工作，心底還是惦記著被說醜。」

我請B陪小女孩玩，B說：「小女孩笑得好開心。我陪小女孩上床睡覺，小女孩問我：『醒來妳還會在嗎？』我不知道怎麼回答她。」

我問B：「妳想失去跟小女孩的連結嗎？」B頓時回答小女孩：「我會定期跟妳相處的。」。

醒來後B跟我聊這段歷程，說她的腿很腫脹像是真的跋山涉水一樣。她知道這次的療程是個開端。我告訴B：「療癒是個案自己看見，我只是引導你們去看見。」

兩個月後B告訴我之後發生的事：「我跟我的男友分分合合。在這段過程中我幾乎要失去自己，差點覺得自己不值得一切的時候，我聽到內在小孩的哭泣。這一次我面對我的傷口，清理它並且愛它。現在回想起催眠那天，不只是當時陪伴我『看見』，也讓我開始相信自己的力量，看見我的生命，陪伴我的內在小孩。那些畫面有很多訊息，我無法用語言給出定義，但是當我回顧那些影像，我可以知道自己怎麼定義自己的過往。有些傷口不是不痛只是沒看見，現在因為愛著自己的內在小孩，我也漸漸願意坦然接受他人對我的好。以往戰戰兢兢地怕自己無從回報，如今感謝並信任這股力量，謝謝那次跟內在小孩的連結。」

個案：原來我就是愛

有時我會做公益的溫薰催眠，有位女孩C聽到朋友做過之後的分享，於是來預約。C是位很有靈氣的女孩，問她為什麼會想要做溫薰催眠，她回答我因為好奇。接下來簡單詢問幾句後，讓她半躺開始引導放鬆，C說：「我看見我躺在一大片草原上，身邊有一棵大樹，看著蔚藍的天空，想回家的念頭湧上來。旁邊有一扇粉色的大門，推開裡面什麼都沒有，只有綠色的光芒。正當我覺得好孤獨、好孤單的時候，綠色的光芒裡開始透出粉色跟紫色的光芒。」

我問：「妳覺得那代表什麼？」

C說：「我感覺是愛跟信任的能量開始包圍著我。」沒多久C開始皺眉，我詢問著：「妳還好嗎？」

C：「剛剛的光都不見了，現在我看到一片漆黑，所有的光全都消失，我覺得好害怕。」

我問：「妳害怕什麼？」

C說：「我感覺到眾生。」

我問：「那妳感覺他們是善還是惡呢？」

C說：「善的，我感受到他們正痛苦的祈求著要愛跟溫暖。」

我回答並引導她：「很好，妳的手有療癒的能量。請妳告訴我發生什麼事情？」

C說：「我的手開始散發金色的光，黑暗慢慢被照亮直到整片光明，我感覺眾生非常感激，還跟我說謝謝。」

我引導著C繼續往前，C說：「我坐上魔毯穿越時空掉到草皮上，前面是一大片森林和好多小動物。我摸著兔子的頭，她親吻我的手，我們擁抱在一起感受愛能量的共振；原來我是來療癒動物的！所有的動物，大象、獅子、老虎、長頸鹿、蝴蝶、猴子等等全部圍向我，我的手又開始散發出金色的光，將金色的光灑在動物身上，我們開始奔跑玩樂，好開心啊！」

我提醒她：「但是妳有任務喔，所以請繼續往前行。」

C說：「跟動物們道別後走向森林，看到一個穿女巫袍的人向我轉頭。我很開心奔向她，原來她是我的朋友，難怪我覺得跟她說什麼都能懂。我的衣服也在奔跑的過程中變成女巫袍。我們一起飛到了一座城市上空，看見戰爭後的殘骸。城市的建築都被破壞殆盡，我們降落下來想幫助人類，但人類出於害怕而攻擊我們；我們不幸喪生。」

我問：「這時候的妳有什麼樣的感覺？」

C說：「我覺得很怨恨他們。我是來幫助他們的，可他們卻殺了我們。」

我繼續引導她：「看看妳的身邊。」

C說：「我看到天使了。我飄到天使身旁，天使告訴我，這些人類也只是想要保護他們自己。所以我願意原諒並且釋懷。」

我問：「然後發生什麼事情？」

C說：「我的手再度發出金色的光芒，撒下整個城市，城市恢復了原本的美麗繁榮，好神奇喔！」

我說：「請你跟著天使的光往前走。」

C說：「我來到了冰天雪地的王國，看到好幾隻小企鵝，跟一隻白色大熊」

我問：「白色大熊是妳現實生活中的誰呢？」

C說：「白色的大熊感覺像是我的父親。」

我問：「他在做什麼？」

C開始哭泣：「他擁抱著我跟我說愛我，可是下一秒伸出尖銳的指甲把我抓得遍體鱗傷、鮮血直流。我推開他，憤怒又難過的大哭大吼。」

我說：「我知道妳現在很難過，但還是請妳看看大熊想跟妳表達什麼？」

C點點頭：「大熊很自責的掉眼淚說：『我只是想表達愛，想引起妳的注意，我不是有意傷害妳的。』我看見自己的傷口神奇地開始癒合。」忽然間C大喊不要！

我詢問發生什麼事，C說：「大熊因為自責，拿著尖銳的武器往自己的心臟刺，我很難過抱著牠大哭：『我原諒你了，為什麼要這樣傷害自己？』」

我問：「再給妳一次機會跟大熊說話，妳想跟大熊說什麼呢？」

C說：「下一次輪迴請你再當一次我的父親。你一樣會傷害我，但我會覺知到你需要愛。不管怎麼被傷害，我都會選擇原諒你並圓滿我們的關係。」許下了這樣的承諾，C再次踏上尋找家的旅程，C說：「我發現我站在一個小星球上，地板是七彩顏色，充滿玩具、食物，我穿著小洋裝，覺得好孤獨，沒有家人、沒有朋友、沒人能分享我擁有的一切。」

我引導她：「請將自己拉遠。」

C說：「我好像是一個洋娃娃，但我覺得這是個假象，不是我的家。我的畫面忽然開始裂開，就像是畫中畫一樣，出現另一個畫面——在一大片的草原上有間房子，夕陽的光撒在上面，我靠近房子，房子裡飄來菜香，打開門後看到一桌的菜，跟在廚房煮飯菜神似媽媽的背影，但這背影說不上來的奇怪。就在她轉頭時，我看見青面獠牙的臉，我馬上覺知這也是假象。畫面再度裂開，這次我看到宇宙，我非常確定我找到家了！」

我問：「那妳現在正在做什麼呢？」

C說：「我坐在白色的雲朵上，像五歲的小男孩，在宇宙跟星球間快樂的玩樂。只有我自己一個人，但我具足了一切；一切的愛、感動、快樂、豐盛。然後我看到地球在哭泣，地球對我說，『你快樂得讓我好羨慕，你可以給我愛嗎？你可以療癒我嗎？』我說好，我的手散發出金色的光芒包圍地球，金色的光芒不斷往宇宙擴散，突然間時間靜止了，有個美到無法言喻、半透明的天使摸著我的頭，擁抱著我，對我說：『我愛你。』然後問了我一個問題：『如果有重新選擇的機會，你必需承受地球輪迴，被物質慾望蒙蔽污染，煎熬痛苦的體驗人生，還願意到地球給愛嗎？』我看著五歲男孩樣貌的自己，堅定義無反顧的說好，我決定就算痛苦難熬的體驗人生，我也願意給愛。」

等到C起身後，她告訴我：「我好像看了一場奇幻電影，難以言喻的感動。我被畫面的自己深深打動，覺得好感動。過去的我，已經忘了自己是誰，忘了我來自哪裡，忘了我來地球的目的，但我記得愛的感受，所有的萬物地球都需要愛，愛會讓我記起自己是誰，愛會與萬物共振。」

後記

療癒師只是一個陪伴者，陪伴著每個人去看見。當每個人都可以漸漸的找到自己的方向與未來時，我真的很替他們開心。記得我曾經在某部電影裡看見的一句話——生命自己會找出路，所以每個人都有自癒的能力，只是你看見了嗎？——若問我催眠可以帶給人們什麼，我無法回答，因為每個人的議題不同，自然就不同。然而，只要去看見每個人的美與善，去發現每個人的獨一無二，試著去看見自己的美和自己的好，就會發現不一樣的自己。

與更多潛意識內容相遇

文／黃志偉

黃志偉

臨床心理師，秉持著心理學的知識於臨床實務工作多年，也因為在助人工作上服務越久，越發現自身知識與能力的不足，曾學習認知行為治療、正念療法、精神分析等取向，在學習澄識催眠的過程中，發現一個快速擷取潛意識的途徑，也被潛意識的未知深深吸引。

痞客邦部落格

臨床心理師 黃志偉

不知道你對催眠的想像是什麼？對我來說，首先聯想到的是抗拒，尤其因為我的身份。

我是一個臨床心理師，至今即將進入第十年，因為這些知識與經驗，我一直都知道我的心裡面一直都存在著某些我不想要去碰觸的角落，一旦我打開了潘朵拉的寶盒，我不知道我會是什麼樣子，可能是我的想像，可能是我的擔心，我嘗試抱持著理性思考，試著告訴自己沒事了，我有方法去解決它，我該怎麼做，應該是什麼樣。

這也是我常常跟我的個案分享的，即便我感覺這些建議、方向，跟他們的生活始終存在著差距，但是我仍然還是樂此不疲。我以為我在幫助他們，但是會不會其實是因為這樣，我才會感覺到快樂——一種身為專家的快樂？

在接觸澄識催眠的過程中，一方面我感覺到很有收穫，可是另一方面，其實我處於一種焦慮恐慌的狀態，不只是情緒上的低落，還包含了感受到自己的渺小、自己的無力與內心的匱乏。原本的我，充滿著陽光與自信，對自己所擁有的能力懷抱著驕傲，因此，當我要去面對一些我所不知道的事情時，我是恐慌的，新的知識或體會，都在憾動我的內心，可能旁人不會察覺到我的恐慌，因為我原本就擅於掩蓋內心的驚惶失措，擔心失控，擔心像個病人一樣。

現在想起來，我就像個病人，我開始採用這些二分法看待自己的許多表現，原本我所慣用的認知行為治療，我開始用來判斷我處於什麼樣的狀態，只要出現一些不符合自己預期的正向行為時，我開始越來越擔心、恐慌，或者當我的個案覺得沒有達到預期效果，我也會開始感覺到挫折，生活中大大小小的事件都成為我心裡的負擔。

看見黑暗中的光明——驕傲的自己

這個時候，我逼自己去接觸澄識催眠，當時我想的是，可能是因為我所具備的知識或者是能力還不夠，以致於某些問題無法突破，所以我必須再去學習一些新的方法，一些足以吸引人、為我帶來一些收益的方法，我認為當我具備這些知識與能力時，我就能夠讓更多的個案感到滿足。可是其實是在滿足我自己吧！我仍然存在於我的驕傲之中，即便我感覺到不足，但我想到的是擴張，不是檢討，我還是努力的想要讓一切恢復到平靜，但是我好像從來沒有想要好好的看看這些波濤，到底它所代表的意思是什麼，無論是存在於我內心之中，或者是從個案身上所看到的。

由於一同參與課程的夥伴大多不是心理學背景出身的人，所以老師講解了一些概念，有些是我原本所擁有的，於是我又開始進入到我的自大，我以為我所欠缺的是技術，我以為我所欠缺的是那些指導語，我還是沒有願意好好的停下來，看看自己的心，看看個案的心。

與其他夥伴一起練習進入澄識狀態的過程中，我一直以為我只是屬於那些不太容易進入狀態的人，沒有發現自己的自大所形成的阻礙，還以為是自己平常帶過太多放鬆練習，所以才覺得一同練習的夥伴並沒有真正讓我感覺到放鬆。沒有放鬆，意識的守衛仍然堅守著崗位，要進入澄識狀態，去看到潛意識想要告訴我的訊息，應該是已經很難的事吧！一開始，我還能夠安慰著自己：沒關係！我知道怎麼做。

進入光明中的黑暗——無能的感覺

可是隨著夥伴們越來越進入狀態，我好像離他們遠來越遠，我才意識到自己的抗拒。

這是我人生中第一次感受到抗拒如此巨大的存在，我以為自己能夠像擔任心理師的時候面對個案的抗拒，我仍然相信著自己能夠憑藉著所擁有的知識與技術「放下」這些抗拒，然後讓自己又能夠順利地向前走。

可是我沒有，反而因為執著於所知道的技術與知識，當我邁向未知的澄識狀態時，理性上我知道唯有放開一些東西，我才能夠重新獲得一些東西，可是要張開雙手，放開一些原本所擁有的東西，好難啊！我開始感覺到沮喪，幸好夥伴們給予我許多美好的回饋，某次的練習中，最難受跟最美好的經驗出現了——

我還記得那是一個下午的練習，練習的主題是帶著夥伴去看到跟未來相關的一些畫面，我在帶領夥伴的過程中，依然笨拙，雖然他告訴我，他看到了某些畫面，但是說實在的，我現在已經沒有什麼印象了。

後來，換成他來帶領我進入澄識狀態的過程中，我告訴自己：盡量配合著他吧！從最一開始的放鬆，我也引導著自己放鬆下來，無論對方使用什麼樣子的引導方式，重要的是，自己把心靜下來。

以下是我所記得的過程：

「當我數到三，你將進入一個跟你的未來有關的畫面。」我的夥伴如此說著。神奇的事情發生了，我的腦海中隱約慢慢地浮現一片黃黃的畫面，耳邊聽到微微風吹的聲音，當畫面越來越清楚，我發現我處於一個漫天黃沙之中。

接著他問我：「在畫面中看到了什麼？」

腦海中的畫面逐漸變得比較清楚，我身在一個暫且把它稱作是「花園」的地方。於是我回答他：「好像是一個花園。」

接著他請我再多說一些，我開始嘗試去描述腦海中所看到的畫面。

「我看到了眼前有一個圓形的花圃，雖然上面有花，但都是些枯萎的花，在花圃的周圍，是一個圓形的走道，一個沒有鋪水泥或者是石頭的走道，乾乾的、佈滿著沙土的走道，上面還有一些微微被風吹起的沙塵。」我說。

他請我再多說一些。

我告訴他：「我感覺這是一個有點詭異的地方，除了中間的花圃跟走道之外，四周還長著比人還要高的草叢，我感覺被這些草叢包圍著，我所能夠看到的四周，只剩下天空，滿天的沙塵與猛烈的陽光。而且我發現某個走道臨近草叢的地方，有一張常在公園看到的長椅，椅子上坐著兩個小女孩。」

他問我心中的感覺。

「我感覺很累、很不舒服，可是我又覺得我好像必須得要做些什麼事。」

「感覺要做什麼？」

「我覺得心中有一個念頭，我必須要帶著這兩個小女孩離開這個地方。」

「請繼續說。」

「我感覺壓力很大。不只是因為這個環境讓我很不舒服，還包括著這兩個小女孩看我的眼神，我覺得她們在旁邊好像一派輕鬆的看著我。我繞著這個花圃，不停的走，我感覺自己的能量逐漸的流失，可是我感覺，這兩個小女孩根本不在意我的感覺，她們只期待著自己要離開這個地方。我感覺自己心中慢慢出現一些無奈又憤怒的情緒，我開始在心中怪罪著這兩個小女孩為什麼不幫忙，但是我沒有告訴這兩個小女孩我的感覺，我頂著滿頭的汗水，繼續的走、繼續地繞。」

我的夥伴試圖引導我脫離這個環境，他試著引導我去掌控我腦海中的畫面，可是好像沒有太大的作用。

「當我數到三，你將慢慢地回到這個現實之中，聽聽外面的車聲，房間裡的冷氣聲，大家討論的聲音，簡單動動你的手指、腳趾，當你覺得可以了，再慢慢張開你的眼睛。」後來他把我喚回現實之中。

我們簡短做了討論，但過程中我覺得自己心不在焉，感覺自己的某些思緒還停留在那個畫面裡面，或許我的夥伴沒有辦法體會我當下的感覺，但是我很清楚，我知道進入澄識狀態時，潛意識為什麼讓我看到這個畫面，尤其是在過程中我內心的糾結——其實我感覺到無奈與憤怒，但現實中，我無法對身邊的人真實說出心中的感受，或者更明白的說，是我覺得我不應該告訴他們我有這樣的感覺，我覺得那樣的自己，好像是一個無能又不負責任的自己。

新的領悟、心的禮物

如果你覺得我就此改變了，我想你太小看知識的傲慢，身為一個臨床心理師，學了這麼多關於心理學的知識，我的意識早已被打造成一座堅固的城堡，面對潛意識如此囂張的冒出來，我並不覺得那是一份禮物，反倒覺得這是一份威脅，這可能會摧毀我辛苦營造出來的假面正向力量。

我不知道一旦城門解禁了，城堡裡原本看似和樂的氛圍是否能夠繼續維持？這可是一場撼動全城的大地震，所以在地震過後，我所想要做的便是盡快修補那些出現的裂縫，我的意識還不打算這麼快繳械投降。

可是學到的東西我還是想要運用在我的臨床工作上，我還是期待催眠能夠成為我治療上的武器，於是我嘗試在治療的過程中去運用它。

老實說，運用起來並不順利，我覺得我可以帶領個案進入到「澄識狀態」裡，個案也回應我他們看到了某些畫面，並且從中有著許多的感觸，但是奇怪的事情發生了，在澄識狀態中，我不曉得如何處理他們的感覺，照理說，就像我平常在進行心理治療的過程一樣，可是這樣好像有一堵牆在我的面前，阻礙著我發揮我那些心理學上的知識。

每次帶領著個案進入澄識狀態，我就感覺到更加的沮喪，我只好再把它們帶回到意識狀態，循著我舊有的習慣，試著去說服他們，或者更像是掌控他們。

直到接觸某個經歷喪妻之痛的個案，這個個案特別的地方在於他的意識也呈現異常的堅固，我始終覺得，當我們在談話的過程，每次他回覆我「還好」、「其實這也沒什麼」，我的心裡總是冒出奇怪的感覺，因為我感受到的並不是還好或者真的沒什麼，於是我嘗試引導他進入「澄識狀態」。

一開始並不如其他個案一樣容易，因為光是在放鬆的過程就受到很大的阻礙，後來我在引導放鬆的最一開始，我試著先讓房裡的氛圍空白一段時間，嘗試先去說說心裡的感受。感受到他有點害怕、焦慮，我看到他緊繃的表情慢慢放鬆下來，肩膀放鬆了，身體放鬆了。

然後我說：「當我數到三，你將進入一個跟你現在感覺相關的畫面裡。一、二、三，進入到那個跟你現在感覺相關的畫面。」

「看到什麼？」我說。

經過約一分鐘的沉默，他緩緩地說：「這是一個感覺相當寧靜的地方，好像天堂一樣，我看到我的老婆，我看著她對我露出微笑。」

「很好，請繼續說。」我說。

「我們手牽著手，我看著她。」他說。

「很好，心裡的感覺是什麼？」我說。

「心裡的感覺很平靜，甚至可以說是一種安心的感覺。」他說。

「想說什麼或者想做些什麼嗎？」我說。

「沒有特別想說什麼或做什麼，只想要靜靜的待在這個感覺裡面。」他說。

「很好，試著去感覺一下現在的這個感覺。」我說。

我停頓了一下，然後說：「試著去感覺一下這個感覺在身體的哪個部位最明顯？」

「我的心臟。」他說。

「試著去感覺一下這個感覺像什麼顏色的感覺？」我說。

「感覺像是太陽的顏色，黃黃的、暖暖的。」他說。

「很好，試著去感覺這個黃黃的、暖暖的感覺。」我說。

停頓幾秒後，我說：「試著去感覺這個黃黃的、暖暖的感覺，慢慢地從心臟逐漸擴散，充滿整個身體。」

再停頓幾秒，我說：「感覺著黃黃、暖暖的感覺慢慢擴散到脖子、頭部。」

「感覺慢慢擴散到四肢、指頭、指尖。」我說。

「感覺全身都被這黃黃、暖暖的感覺包圍著。」我接著說。

「現在心裡的感覺是什麼？」我說。

「我覺得整個人很輕鬆、很舒服。」他說。

「很好，再多去感受一下這個感覺。」我說。

大約過了一分鐘，我說：「接下來我們要回到現實生活，當我數到三，請你帶著這份輕鬆、舒服的感覺回來……一、二、三。」

其實在引導個案進入澄識狀態的過程，當我聽到他描述他的感覺像太陽一樣的時候，我想到先前他在描述太太的時候，就是怎麼形容她，所以聽到他這麼說，當下我的心情是有些激動的，我感覺自己好像也被那太陽黃黃、暖暖的感覺包圍著。

我才真正能夠去體會當太太離開他的身邊時，當太陽離開他的世界時，那是一種多麼深沉的悲痛，而身邊的人只是一昧地叫他振作起來、叫他不要想那麼多、叫他不要做傻事。如果沒有跟著他走過這一遭，我想我也跟她身邊的親友一樣，困惑著：為什麼你還走不出來？

直到他見到心中埋藏已久那份光明，我才看到他的臉真的鬆了，我才感覺他的話語帶著情感。我也因為他的這些感受，心中那些冰凍已久的堅持，慢慢的融化了。我開始了解跟個案一起進入澄識狀態，是什麼樣的感覺，我才真正體會什麼叫做「同理」，一個常被提到卻又好像有些模糊的詞。

在這次奇幻的旅程之後，我深刻的感受到潛意識的力量、深刻的感受到埋藏在每個人心中那黑暗之中的光明，其實它一直都在，其實它一直等著有人看到，當個案看到他心中的那份光明，他就明白了接下來他該怎麼走，那是一個屬於他自己所發現的步調，那是一個他送給他自己生命的禮物。

因為這樣的發現，我看到了過去我歸類為無知的感受，其實充滿了許多對於未知的希望，當自己能夠帶著好奇、接納的心，或許潘朵拉的盒子仍然存放著許多混沌不明的感受，但是當自己在面對這些感受的時候，我覺得自己心裡所擁有的彈性，好像瞬間以倍數般的提升。

我不能說我不怕了，但是比起恐懼，我對於未知有了更多的尊重與謙卑，更期待在澄識狀態中，我能夠與更多潛意識的內容相遇，並且試著讓自己的心靜下來，聽見自己、聽見個案、聽見這個世界。不因為處於光明而感到驕傲，光明之中可能存在著黑暗，也不因為處於黑暗而感到恐懼，黑暗之中必然存有光明。

現在，我依然時常在「澄識」中旅行，旅途中，我重新遇見我自己，重新看見其他人，重新探索這個世界。

如果你願意，讓我們一起來一趟「澄識」之旅吧！

接納所有的自己

文／宋芸

宋芸

身心靈療癒師，專長為催眠、靈氣、頌缽音療、擴大療癒、光的課程。

臉書粉絲專頁

Meghna 心靈魔術師

奇幻旅程

我一直對這個世界抱持著樂觀及給予許多祝福，我、身邊的家人、朋友們也有許多在經歷的課題，身陷其中像是苦海浮沈，抱怨、嘆息、眼淚、無法或不願抽離，像是一個不停循環的迴圈或模式重複著。踏入身心靈領域多年，我帶領光的課程、擴大療癒法，同時也是靈氣師父、頌缽音療師。每次在帶課程或個案，在有限的時間裡，總希望能有個快速、安全又被信任理解的方法，能找到學生或個案困擾的問題核心，甚至可以進一步找出答案。

在某個機緣下，我接觸了「澄識催眠」，藉由催眠這個安全又簡單的工具並注入療癒的元素，看著每一位到來的個案朋友在離開時放鬆的臉部線條、展露的笑容，我更加喜愛這個工具，也更喜愛我自己。

不斷循環的迴圈

有一段時間我從事業務工作，我的主管帶著我做陌生開發、去各個企業拜訪洽談業務上合作的可能與機會，看似樂觀積極的我心底其實很「剉」，面對具有專業、自信或權威形象的企業主管，總是硬著頭皮說些自己都不知道自己在說什麼的話，我只想快點離開辦公室；一當我躲回安全的地方，湧上心頭的是排山倒海的挫折感、自責、自我懷疑，內心開始鞭打自己：「我真是笨死了、我到底在幹嘛、真沒用、我還可以做什麼啊？」為了逃離業務工作，我轉而投入朝九晚五的辦公室生活，想著：「至少不用每天在驚嚇裡生活了吧！」但未有覺知之前這是另一個循環的開始。

在工作中，我很認真、很努力，但我並不快樂，我的認真努力並不是我愛我的工作，而是因為我害怕被取代、害怕我的能力不足、害怕自己不足勝任此工作；我的積極、投入並非我對工作的熱情，而是我期待自己要有好表現、要有符合並滿足工作上的需要；即使如此，我卻不敢喊累、即便抱怨我卻不敢輕言離開工作，我害怕自己沒有價值、害怕在職場上會沒有我的位子，生活在跌跌撞撞、起起伏伏裡，緩慢的匍匐前進著。

無數的日子裡，我對自己的學習、對生命感到懷疑和茫然，工作除了每個月裡發薪的那一天，我不知道自己想要什麼？還可以追求什麼；那些學習、那些教導究竟是否正確？何以我無法對生命感到安全？何以我的努力像是可有可無的不被重視？說要愛自己，我活得這麼累，我不知道要愛自己什麼？我害怕失去，所以緊緊握住，以為可以掌握些什麼，但卻累到不明所以。

忙、盲、茫

因為太害怕自己「無路用」，所以拼了命的想把事情做好，不可以鬆懈、要更加的努力。排滿行事曆，搞得自己一刻不得閒，就只是為了證明自己有用、為了證明自己很有能力、為了得到外在的認同和讚美，所以我無法讓自己「慢」下來，一旦空閒下來，我會開始感到不知所措，於是無論上班或假日，我總是馬不停蹄的忙這個忙那個，甚至看見閒在一旁的家人，我會對他們發脾氣，而家人對我的情緒則感到莫名其妙。

無論生活工作是否如預期發展、事情是否順利，有時我感到挫折、疲憊，有時我感到倦怠、無精打采、疲勞及對生活的意願感到低落，對自己、對家人生氣，哭泣、無力感、失落，究竟我哪裡做的不好？究竟我還少做了什麼？究竟我要把自己擺放在哪裡？我不停地問、不停地找、不停地張望，我感覺我找不到自己，一種站在懸崖邊的茫然感、一種生命基底崩跌的墜落感，如同午夜夢迴裡的夢境一直纏繞著我。

學著放鬆、釋放焦慮與擔憂

催眠的第一步驟就是得先學會放鬆，在練習放鬆的同時，鬆綁了內在的焦慮和框架，而這些焦慮和框架就在生命中的每個細節和想法裡，如未能辨識出，就會不明所以而不停的重複且深陷其中。

透過一次又一次的放鬆練習裡，我才意識到原來內心底層大大小小、深深淺淺的焦慮和恐懼，有些來自原生家庭、更多的是對自己的沒自信，不信任生命之流可以為我帶來最好的安排。

在一次又一次的放鬆裡，我開始找回內在的安穩，緊縮的肩膀逐漸鬆懈下來，腦袋裡那些來來回回的思緒，有了可以緩衝沈澱的時候，好幾次在帶自己放鬆時，眼淚默默的滑落，心裡想著：「如果可以這麼放鬆的生活，那以前我何以需要活得那麼緊張、那麼累？」

放鬆也等於安撫了內在小孩，漸漸的，感受到自己從緊張和壓抑裡鬆脫出來，找回內在的安穩和力量，沒有比較、沒有競爭、沒有否定，我開始對自己有了新的詮釋、更多的自我肯定、認同和接納，面對每一個來到面前的個案朋友，給予滿滿的愛與祝福。我感到平靜和自信，即使偶爾還是會有緊張的時候，我也能陪伴自己並從中穿越。

外在世界像一面鏡子，反映你內在的世界

這個秋天，我左手長了汗疱疹，時好時壞的，汗疱疹大量的冒出來，生活上很不方便，手掌看起來醜醜的，讓我很困擾也很不喜歡。以前在國小、專科時期，我的手也有同樣的狀況，發不完的汗疱疹，有時濕淋淋，有時乾燥破裂，有時奇癢無比，很折磨也很嚇人，當要伸出手和男友牽手、拿東西、買東西找零，或和他人一起做些什麼時，面對又醜又難看的手，我好想一直把手放在背後就好，要面對他人很不自在也很不舒服。

「生活已經很不容易了，已經夠煩人了，你為什麼還要來煩我？」這是當時我心裡對汗疱疹的吶喊，抗拒、難堪和不自在反應著我的身心狀態，身體皮膚經由這樣不和諧的外貌和感受傳遞著訊息，我卻不懂不明所以，我不懂自己的心也不懂自己的身體訊息。

經由不斷的看醫生，對抗富貴手、汗疱疹，已經很長一段時間沒有復發了，不懂為什麼現在又冒出來？除了看醫生服藥，我實在不喜歡它長在我手上的感覺，像

是在灑滿夕陽餘暉的房間裡，發現來自過去的奇怪回聲，如果這是我的身體發出的訊號，它在說什麼？

最近看《靈性法則》一書提到「每一個事物都是一個反映，不論有什麼進入到你的生命中，像照鏡子般去看看它要教導你的是什麼，一旦我們了解反映法則，我們可以藉由看到生命中正在告訴我們的東西，來擴展我們的靈性成長」、「外在的世界，就像一面鏡子，反映你內在的世界」，或者是「你的伴侶，就像一面鏡子，反映你自己」。

那我手上的汗疱疹正在反映著我什麼？我們面對不如意的外在環境，就是我們內在矛盾與懦弱的投射，外在現象就是為了把內在深層的意識帶到表面上來，這顯現於外在的症狀，是不是反映著內在的什麼？沒關係，意識不知道的，潛意識知道，如果可以，我想探究我自己，我想試著療癒我自己。

自我催眠的開始：值得被愛並且值得擁有

為自己準備好可以放鬆不被打擾的環境，幾次深呼吸之後，導引自己放鬆身體、放掉來來去去的思緒，進入催眠狀態。接下來的自我催眠裡，有著許多自我對話，像是一人分飾兩角，一者是「我是催眠師引導我自己」，一者則是「我是個案回覆催眠師的引導或詢問」。

催眠師：「現在妳可以想像原本向外看的眼睛往內轉，看向內在，像是一把炯炯火炬的明亮，現在讓眼睛經由腦袋來到喉嚨，再經由妳的左肩通過左手的手臂、手肘、手腕、來到妳左手的手指頭，去感覺妳的左手，何以秋天以來他一直冒水疱發癢？把感覺放在手掌上，去感覺妳的左手和每一根指頭。」

個案：「是我的焦慮嗎？我感覺有些委屈，有些焦慮，那焦慮感和母親投射在我身上的焦慮感不太一樣。」

催眠師：「讓自己緩緩的融入那焦慮裡，往更深的裡面去感覺，這焦慮來自什麼時候？」

個案：「二技開學的時候，有一些專科時期的同學，有一些來自其他地方的新同學，大家好像都比我厲害，比我有更多的歷練，我沒有自信，對自己的天真無邪感到焦慮。同學們有的已出社會，工作一段時間，回到校園進修取得學位，許多事情對他們來說輕而易舉，我們幾個還未出社會工作的小女生看起來還真不入他們的眼，老師或學校的要求我沒多想，做就是了，但有些同學卻會表達不同的聲音、意見和想法。『我想要自己有好的表現，得體的、有禮貌的、好人緣、品學兼優的好孩子、好學生、好女孩』，頓時間才感受到，原來有這麼多框架在我身上。」

個案：「過去專科時期的約束到了二技被鬆綁了，我反而沒有安全感；我依循著過去的規則方法、行禮如儀，內在卻有隱約不明的慌亂、焦慮和擔心，媽媽對我的成長投射著恐懼與不安，想要如往常的束縛著我；鬆綁對我而言，既是新鮮繽紛愉快，也是無可言喻的折磨。我不願回到母親帶來的拘謹束縛，我走向年輕奔放的時光，但在我年輕率真的笑容底下，有我說不出口的惶惶不安。當時的男友已出社會工作，能力和眼界在我之上，有種駕馭我、上對下的感覺，即使那是清純無暇的愛情，說不出的不對等、不平衡，以偶爾的發脾氣、耍賴來表達自我（被認知是亂發脾氣、幼稚或無聊等等）。過了十幾年後，我突然問問自己，那是愛情嗎？當時我不懂我自己，當時的他懂我嗎？不知道他懂不懂我，當時除了他也沒有其他人同理或回應安撫我。我對自己很粗魯、不友善，我卻急著要去討好他人，希望得到他人的認同，我對自己很沒自信啊！」

催眠師：「何以對自己很沒自信呢？這樣的想法從何而來？」

個案：「一部份來自是母親（媽媽也沒自信）、一部份是當時的男友（他常嫌我這個那個）、一部份我認同了他們的說法。」

催眠師：「當妳再次回顧這段過去，看著當時的自己，看著自己的眼睛，妳有什麼話想對她說？」

個案：「當我看著當年的自己，淚水默默地不停地的滑落，『謝謝妳，其實妳一直很努力很努力，妳一直想要有最好的表現，期待被認知、被讚美認同，想要去滿足他人來得到認同，但是，親愛的，妳卻忽略了自己真實的感覺，裡面好多委屈、好多傷口，被自己視而不見不理不睬』，我放聲大哭，好多年了，我終於哭出來。」

個案：「辛苦妳了，放下那些焦慮不安，妳可以放心安心的做妳自己，快樂的自己。他人的批評指教什麼的，或許來自他自身的投射，妳不必事事在意啊！對不起，妳的純真美好，在當時我沒能好好守護，但妳知道嗎？妳比妳所知道的自己更好更值得被愛被珍惜。」

催眠師：「可是，何以在多年後的最近，汗疱疹復發了呢？」

個案：「最近內在有許多的釋放，更多的規則、角色、壓力都被釋放了，更深的束縛被鬆綁了，更多的自由、更鬆的內在，更多的選項，更多的可能逐一顯現了，所以自由後的不安也現形了。」

催眠師：「能不能送一道光給內在的不安，妳想對她說什麼？」

個案：「『抱抱，我愛妳』，我張開雙臂擁抱了內在不安的自己，那些不安也是我的一部份，像是一道發炎的傷口，需要的是被看見和疼惜，接納了自己每一部份，那些平安的、不平安的都接納了。」

從自我催眠裡我才明白，這是我的奇幻之旅，原來我在用我自己的方式走自己的路。原來我正在探索著，如何從那些否定我的挑戰之中解脫出來。

是啊，生命必須經由挑戰才能成長，即使在情緒、心靈陷入最低潮之時，也要這麼告訴自己：這是一個正面的挑戰，也是生命給予我的獻禮，它使我得以在磨練中變得更堅定、更強壯。釋放對自己的疑慮吧，不要害怕自己沒有足夠的智慧；釋放對自己的批判吧，妳會對自己產生正面的接納，當妳發現自己的生命有所改變時，妳對自己的感受也會改變。

《光的課程》裡提到：「心儲存著一切情緒，並記載著人生的經驗；身體中最容易受到內在與外在影響的就是心了；在過去人生的一些經歷，也許使你產生很深的恐懼感、罪惡感與羞恥感，雖然這些不存在表面意識的記憶中，然而，它們卻隱藏在你潛意識的深處，並形成一種行為模式，使你即使在新的狀況中，也做出同樣的反應。」

是時候了，改變自己吧！現在的我，從我的心帶出一道又一道的光給當時的自己，帶到她的心裡，修復所有需要修復的，也把一道又一道的光送給每一個平安、不平安的自己，謝謝每一個時候的自己總是這麼認真努力，其實我真的很棒！

接納所有的自己

有時候，開始療癒後，我們更察覺到自己的反應和不安，所以情況反而更糟。這樣的確會讓我們不太舒服，但這是好事，當我們開始了自覺和接受的過程，我們才可以改變、成長和蛻變。

謝謝我的身體，我的皮膚。透過這樣的方式提醒我內在的失衡，如果這是一個釋放，我接受、我感謝，好讓我的身心可以重新校準，回到平衡之中。我覺察到當皮膚搔癢時，也是我為某事感到煩心焦慮的時候，原來搔癢是身體在提醒我要放鬆，過於緊張焦慮會使身體能量的流動緊縮著，搔癢是在對著我說放輕鬆、放輕鬆。

原來那些發不完的汗疱疹，像是內心深處再也無處壓抑、控制的情緒，終於找到裂縫往外滲漏，得意地在原本感覺舒適的身體上，顯現為不適合疾病，難怪我感到抗拒、難堪和不自在；如果外在呈現的現象反應著內在的狀態，我又怎能責備汗疱疹呢？又怎能責備我自己呢？

這也讓我明白，人生經歷裡產生的自我否定以及對自己的恐懼與憤怒等等情緒，都必須釋放出來，並確信自己是一個獨立自主的人格，不用與他人比較你我的不同，每一個人都在依照自己的速度和節奏經歷著各自的學習。

我們總希望帶給別人最好的一面，照顧了所有的人，卻忽略了自己的感受。可是全然地讓別人以他們的情緒和觀點來指導你，也是不明智的；一旦跟隨著社會標準走，遠離真實自我的時候，你就捨棄了自己。

是時候將愛的焦點轉移回到自己身上了——請記得，你身邊每一個愛你的人也希望你能夠開心的、好好的。

生命要茁壯的第一要素就是接納自己每一個部份，才能好好愛自己，記得自己真實的美好並且去展現它，會讓你活得很舒服自在。忽略自己的感受，會讓你忘記自己多值得被愛，而坦然的展現真實的自己，你會獲得創造世界的勇氣，放心地走上你的奇幻旅程吧！一切的經驗都是這旅途所要學習的一部分，每天給自己一個擁抱，在擁抱自己的同時也帶出一道光包裹你自己，支持自己創造更平衡的自己。

走進生命花園

文／黎惠梅

黎惠梅

催眠師、國小教師、園藝治療師，專長為民俗植物、環境教育課程設計、園藝治療、催眠。

臉書粉絲專頁

水梨老師和園藝治療

臉書粉絲專頁

離憂催眠

曾經在那個盡頭　我看到黑暗

我以為，我會一直是國小老師，在一個部落學校工作二十年後，安穩的退休，領18％退休薪俸，以為這該是我的人生正軌，平穩安順，人生不多生事擾鬧，過得多麼天經地義！

但是，實際的人生，怎麼可能無風無雨？家庭橫生枝節的擾心，工作乍看穩定中，也有過一些挫折，彷彿一下就看到盡頭的人生，不變的步調就是我的人生全部。

我的心中常常幽幽自問：是吧！人生不應該如此而已！

想逃離現狀的心情，或迎頭力搏的掙扎，反反覆覆，心情常常落在糾結、鬱抑、憤怒，還有不能溫柔地看待自己和同理他人困窘狀態的渾沌中。

也許在過往的日子裡，面對生活的困境，我的應對方法，一直是告訴自己再加油一下，困難的事就會迎刃而解。是的，我認為我在生活中很努力，也夠堅強！認為這樣的精神，應該就是修身、齊家、治國、平天下，做人應該要有的本分。我沒有懷疑過這樣的想法，兢兢業業在工作職場上，今日事、今日畢。

常常為了滿足別人的期待，也讓我很難開口拒絕，就算有些為難，我還是會想：好吧！那麼我再加油一下！因為拒絕別人的請託，對我來說，我會覺得尷尬，所以好吧！就扛下責任吧！

這樣的意識，把自己漸漸的變成壓力鍋，隨著在學校行政工作性質的變動，要與學校多數人合作，我無法自我察覺自己態度的嚴謹拘泥。

在我和他人相處時，我的同事常常會覺得我繃緊神經在做事，常讓合作的人喘不過氣，我也常常看不得別人打混摸魚，遇事膽怯推托、輕鬆閒散過日，自以為我的行事風格穩站在天理這一邊，殊不知自己的人際關係處於荒原地帶，內心孤寂，依附關係貧乏。雖然我本性良善，但是我的脾氣卻讓人消受不了。

我真的活得不快樂，五十歲了，還不能安心，我還在焦躁什麼？怎麼還在跌跌撞撞？到底我該怎麼辦呢？

人生出走脫離常軌　我看到了轉變契機

五十歲，很慚愧我還在人生撞牆期，因此在一〇四年五月我決心改變自己，我要人生出走，走出生活的慣性軌跡，因此我選擇參加台灣園藝輔助治療協會園藝治療師的培訓。

在這個園藝治療師培訓過程中，每一次課程的體驗感受，撩動潛藏在內心的綠色基因，我的決定是對的，開始覺得我慢慢地在改變，我感受到「慢」的舒適，療癒別人的過程，其實自己最先被療癒，我在植物中找到生命的連結，同時利用園藝活動來打開視、嗅、味、聽、觸覺的感官，純淨地感受自己生命原有的動力，溫柔地看待自己，和別人相處的自然輕鬆。

這種利用植物當媒介，陪伴生命的過程，我在學校的課程中運用，同時也在取得園藝治療師證照的實習裡去服務早療幼兒、思覺失調患者、特殊際遇少女、中途之家，或是助人團體志工的專業成長……服務了許多不同的族群，讓被服務者利用園藝活動接觸大地、土壤、參與植物的成長，藉著照顧植物，感受到植物傳遞來的能量，也讓植物陪伴生命，溫潤自己內心裡的柔，接受外在的不足。

所以，我在帶種植課，我喜歡做觀察種子萌芽，感受銘印生命力；做植物的香味探索，我常常帶連結生命美好記憶的連結；以花語鼓舞人心，這也是做心理暗示的轉移活動。

但是，願意跟自己素面相見，那是需要有決心和覺察感受力！

因此，我開始想在我從事的園藝治療的過程，不是單單操作使用外在具象的鋤頭、鏟子，我想在生命的花園裡，以心靈的力量灑種耕作，種下不凋之花！

轉個彎　看見自己

就是一個機緣

我在臉書長期關注一個談論心理療癒諮商服務的平台，我想找一個適合我入門學習心理諮商的一個機會，我不是學院心理諮商師出身，也不是累積豐富社會服務經驗的社工師，我只是一個在國小教了二十一年普通班的老師，怎樣才能跨出我的學習步伐？

我持續關注與等待平台上釋出的訊息……

二〇五年的六月我看到平台上「澄識心」八月要開班，雖然「澄識心」是一個催眠治療師的認證班，教材採用是美國催眠學會培訓專業催眠師的催眠教材，「澄識」的催眠方式，很注重身心靈自在的過程與內容。

其實，我更有興趣的是講師彭渤程的蛻變過程！大學學的是理工科系，因為人生的意外轉折，走進了心理諮商，成長的過程也和我的服務對象相似，用生命歷程淬鍊出的背景，讓我覺得這也是另一種能理解心靈沉澱清澈的實務經驗，所以二〇五年八月，我決定和澄識催眠 trance 初次相遇……

澄識取自催眠狀態 trance 音譯，也取意為「清澄意識」，渤程老師在課程中和我們分享的「澄識」是利用安全的催眠技術，在進入催眠中導入關係、自我覺察、理解之何以如此的理由、安撫內在小孩……等等的理念，在trance中做諮商，讓問題得以解決，讓看到的畫面得到新的詮釋，並且得到新詮釋畫面的過程，是可以反覆去複習，只要多加複習並記住畫面，新的詮釋就會給予心靈感受新的狀態，讓人在很短的時間內，看到自己可以有的改變。

欣喜 我存在 能去感受轉變的能量

在學習的過程中，同學們大部分都是互相三人搭配，合作學習催眠。

可是我在學習過程中，非常堅持自己儘量不要和合作過的同學再次合作，我覺得渤程老師要我們在催眠過程中能同步對方，所以和合作夥伴初次的練習，彌足珍貴。那都是很真實感受能量震盪轉移的過程，越專心的感受，自己越能靜心、清心、心就得到再一次修鍊！

對自己而言，反覆練習催眠、體驗催眠，我學會自我漸進的放鬆，越放鬆，越自在，感受越舒服平和。

能和自己好好相處的感受，在任何空間場景，我都可以藉由專注，很快就能感受內心放鬆，這種感受真的是千金也難換呀！

而對於助人的這個層面來說，「澄識」安全的催眠技術，是在催眠中持續的同步，幫助他人透過畫面的想像與漸進放鬆，找回本來就可以擁有的自在，或轉換一些困擾的情緒，只要內心視野的轉化，人就能找到激發自己，安穩身心靈，療癒的力量。

對，這個過程是很迅速，只要看見並深化感受，願意下決定，轉化與改變，就能在生命裡產生化學變化！

看見　釐清　再次感受　深化

曾經，在學習催眠的練習中，同學帶我進入過去最安定美好的一段時光，畫面一出來，我看見了初為人母的自己，躺在床上，那個畫面很安靜，我懷裡抱著我剛出生不久的摯愛——禾禾，在那個畫面是有觸感的直覺，我感覺到孩子的重量，感覺到孩子肌膚的柔嫩，我緊抱著他的安心。

當畫面隨著我的視野移動，我定眼專注看著他熟睡的臉，我開始心痛，感覺到抱歉和遺憾，淚水潰堤，在催眠中我止不住淚，在畫面裡感受到很深的愧疚如潮水般湧來，是我個人堅決地想離開婚姻，致使讓他孤獨成長；因為經濟的壓力，晚上還得回學校兼兩堂夜間課業輔導課，回到家已經是晚上九點。

他一路孤單，早熟得從來都沒讓我操心，反而貼心的打理家庭家務和照顧好自己的本分，我止不住淚，我在畫面裡感受到五味雜陳的痛和辛酸。

幫我催眠的同學慌了，他們以為孩子是不是不幸過世，所以我才會有如此劇烈的反應？一直詢問我在畫面中安全嗎？到底現在畫面是怎樣了呢？

那個時刻，我沉浸在畫面深深的感受中，語言的反應是很困難和遲緩的，我聽到老師過來接手的引導語，他要我去感受，那時候畫面中的孩子有什麼話想要和我說？

我感受到孩子很懇切地在鼓勵我：媽媽，加油喔！

老師又問我：「妳覺得對於孩子要妳好好加油的感受，又是怎樣的感受呢？」

我感受到我想對孩子說，媽媽本來就夠努力，不用叫我再加油了！現在我要的不是加油，我想要自在，想要放輕鬆了！

我看到原本孩子認真嚴肅的臉，線條變柔和了，同時注視著我，對我微笑。

那時，老師又要我去感覺孩子和我對看畫面的感受，我的感受是幸福又有力量。

老師又要我去感受身體的哪一個部位最能感受到力量。

我回答：「胸口！」

老師要我用手去感覺心臟跳動，每個心跳律動是否能感受到力量。

我回答：「我感覺到了！」

老師要我感受這個力量的同時，請自己的潛意識給一個畫面，只要想到這個畫面就能感到自己是有力量的。

結果，我感受到我的胸口長出綠色稻禾發芽的畫面，老師反覆要我確認釐清自己的感受，是的，我的力量就是感受植物發芽，生命的自在感受就此萌芽……

這真的是很神奇的感受，從看到孩子的畫面，一直變化到種子萌芽，內心就能感受到祥和、自在、放輕鬆。

那天，流了很多淚……

我的心很清澈，看見了……感受了……

有了下決心的力量……

我的改變

以前，在沒有接觸園藝治療和「澄識」之前，我很容易有焦躁緊繃的情緒，身體總是透露出「我現在很忙」，心思雜亂，忙到不知如何感受自己和同理別人，我總是在做計劃、規劃下一步，我不知道當下自己在哪，我也不會想要去感受自己的感受，漠視自己內心的聲音。

壓力越大、吃越多，我用食物宣洩，變得越胖，自我形象就越差，壓力越大、吃越多，造成惡性循環。體重像颱風過後的菜價一路狂飆，從來沒有降下的日子，全身散發濃濃歐巴桑味，再加上嗓門大，過去文藝青年的形象，煙消雲散。

以前，事情做完，我還會處在惴惴不安的侷促中，反覆思索，我有做錯嗎？有沒有遺漏的細節？結果當下要應變處理的事，就在這樣的狀況下，錯失要處理的機緣，簡而言之，過去的我，不知道要活在當下，總是錯失當下、懊悔過去，在擔心未來當中忙亂度日。

在七、八月整整兩個月的暑假，我十分忙碌，忙著園藝治療的實習和催眠的上課，但忙歸忙，內心感受的氛圍、意義卻轉變了⋯⋯

九月開學，兩個月不見的同仁們，很多人在迎面打招呼的第一句話：哇！妳變瘦了！真的，他們是說真的！

我總是回答：是呀！減肥成功！

天曉得，身體哪裡瘦啦？體重計指針也沒偏移狂落，安穩指向原本該有的位置。絲毫不差！到底哪裡給人家有瘦下來的錯覺？

我想應該是整個人的精神看起來都容光煥發。

我固定星期一為園藝治療實習課程奔波準備材料；星期二到幼兒園實習園藝治療；星期三開車到台東為思覺失調患者服務；星期四紮紮實實四小時和少女中途學

校的孩子分享植物的體驗；所有的園藝治療服務完全公益免費。星期五就是我沉靜下來反思，在每週三場園藝治療課程，自己還可以再延伸的面向，並將園藝治療觀察紀錄整理歸檔；星期六、日則搭車到台北學習催眠。

雖然每次到台北上催眠課，我都得清晨四點半從鳳林家中出發，趕往花蓮市搭二〇三車次的早班車，回程因為北迴線一票難求，通常都是在午夜時刻，甚至是清晨才回到鳳林家中，我的睡眠不多，但是我精神一直很好，第二天又能精神抖擻的工作，因為我自己知道，我在很多零碎的時間裡，利用「澄識」自我放鬆的技術，很快能感受安穩自己的狀態。

兩個月中我過著密集不斷協助他人，同時也療癒自己的日子。

我知道這兩種療癒力量是互相加乘的，我少了很多雜亂的心思，少了很多白忙，做起事來游刃有餘。

現在事雖多，我的心卻很容易放輕鬆。優游自在地輕鬆，帶著自己傾刻間回到催眠裡感受到的畫面，心很快就會沉靜、放下。

有時候，明明是我昨天才做過的事，回想起來，會感覺好像是很久遠以前的事，我沒有擔心做事不圓滿，心中沒有擔心與不安。

感受起來好像是透過拉得很遠的鏡頭方式在看我做過的事，我不會很快給自己下褒貶評斷，就是知道事情過去了，該放下。

我很清楚是這兩種療癒力量給我的支持，看見自己內在——安穩的內在，心情越放鬆，真的就越自在，天天快樂看待自己和別人。

小一理通 萬事通

學習了園藝治療和「澄識」催眠的技術，我思索過有沒有可以融合互通的地方呢？

現在，我的心得是園藝治療的過程可以說是「澄識」的外用效能；「澄識」又為園藝治療的內蘊精神。

園藝治療和催眠結合的案例分享

魚腥草轉念變愉心草

魚腥草是一種野菜，又名蕺菜，台語叫做臭臊草，因為它藥效廣泛，在日本被稱為十藥，或是藥草之王。中國人在兩千多年前就把魚腥草當作野菜使用。勾踐臥薪嘗膽、挫心勵志困頓之時，就選擇這種野菜食用充飢。另外，魚腥草又是民間常用的青草藥，它全株植物散發出濃厚的魚腥味，其實是能抗菌的癸醯乙醛成分，因此魚腥草是天然安全的抗生素，全株都能夠食用來清熱、消炎、排除體內毒素。

另外它還有外敷的效用，它使用在保養皮膚上，能快速美白皮膚、達到皮膚緊實的效果，治療青春痘也很有效。

所以，基於魚腥草非常常見，又能貼近生活上的需要，所以我們園藝治療師很喜歡使用魚腥草來做皮膚美白面膜，讓個案使用魚腥草來照顧自己的身體、並且學習認識親近日常生活中這一種常見的植物。

但是說真的，魚腥草它的魚腥臭味強烈，往往令人卻步，很多人都掩鼻搖頭，不能忍受它的氣味，尤其生鮮的魚腥草輕輕一撥，濃厚的魚腥味就飄過來，所以我們在做魚腥草面膜時，通常會使用魚腥草乾品，煮水加一些些的海鹽，煮沸待涼後，再用面膜紙浸泡做敷臉面膜。雖然使用乾品魚腥味道稍稍去除，但是要敷在臉上等待三十分鐘的時間，微微的魚腥味飄來，還是會令人不悅，因此帶這種園藝治療的團體班活動課程時，在敷面膜的過程中，大多放一些輕鬆悅耳的音樂，讓學員聆聽，舒緩轉移學員對魚腥味道的不適應。

後來，我學到澄識催眠的漸進式放鬆導引，這段敷面膜的時間，搭配「澄識」催眠的漸進式放鬆就是最好的妙方，三十分鐘後，身心美白效果、照顧一應俱全。

好，請慢慢調整你的呼吸，慢慢來……

慢慢調整呼吸，放輕鬆……放輕鬆……

吸氣、吐氣，很好，繼續，放輕鬆……

臉部放輕鬆，敷面膜的感覺不會影響你臉部放輕鬆，很好，繼續放輕鬆，不管現在你聞到什麼味道，都不會妨礙你去感受自己放輕鬆的感覺……愈輕鬆自己就覺得很舒服……身體越柔軟、越輕盈……

很好，繼續沉浸在放輕鬆的感覺……

也許此時此刻你彷彿有聞到面膜魚腥味的感覺，沒有關係，它只會幫助你進入更深更深的輕鬆和自在……

很好，你做得很好，繼續去感受自己放輕鬆，愈多的輕鬆就會越舒服、越愉快……

我現在一數到五，你會帶著這種感受，進入更深更深、越多越多的自在和輕鬆……

一，很好，放輕鬆，二……三，繼續，做得很好，去感覺……四，繼續去感覺放輕鬆……五，進入更深的輕鬆地感受，去感覺……

繼續去感受，很好，把這種輕鬆的感覺牢牢地記住，再感覺……

很好，原來自己可以和自己很輕鬆的相處……很好，記住這種感覺……

我現在一數到五……我們要回到此時此刻的空間，你可以隨著自己的節奏，待這感受到輕鬆的感覺慢慢回來了……

一，我們要回來了，回到此時此刻的空間，敷面膜的地方……

二、三，慢慢動一動你的頭，很好，慢慢來……

感覺到臉上有敷面膜，感覺到很舒服、很輕鬆……

四，也許感覺到一些味道，但是現在很舒服、很自在……

五，好，轉一轉眼球，我們回來……

通常，在團體班學員的回饋反應中，大多說：

「怎麼這麼舒服！」

「時間怎麼這麼快？一下子就時間到了！」

「比在家自己敷面膜還要好玩，大家在一起不會無聊！」

「真的不覺得魚腥草很臭了！」

在催眠的漸進式放鬆過程中，就把腥臭味魚腥草轉念變成照顧身心舒適的愉心草。

如果你願意相信　相信就能

認識自己的路很長，如果願意，別停下和自己對話想像、傾聽內在聲音，沉浸更深的安穩⋯⋯

感受內心的那一處花園，打開、去感受、迎接、繼續沉浸、享受自在安全的感受、繼續前進、很好、靜靜地、仔仔細細地、放輕鬆、再放輕鬆、彷彿輕鬆跟隨著血管裡的血液漫流全身、自然地感受到輕盈、愈輕盈就愈輕鬆、很好、你待會會開始感覺⋯⋯

是的，因為願意相信，啟動了所有的可能⋯⋯

將催眠帶入生活中

文／sophie

sophie

催眠師，專長為光的課程、催眠、動植物溝通、靈性訊息解析。

臉書粉絲專頁

梓芸軒

關於我

我是個從小就能接收訊息的生命，只是當時不明白自己具有的能力從何而來。看著身邊的人們、動植物及不具生命的任何物品，卻能感受與接收著他們散發出的所有訊息，表達著他們的意願跟與我之間的流動。時間的流逝中，在靜心與打坐中持續著，訊息的傳遞開始更具象化，不受時間地點的限制，準確度的驗證開始得更多，更深更未來，到達幾乎滿載的狀況。

而我對於這樣的自己，表面上看起來似乎充滿了自信，但其實是拒絕跟不接受的。不知道這樣的不接納自己，是否定的開始，於是我向外追尋著各種能夠證明自己存在價值的方法或能力。惶恐跟缺乏自信的我，以焦慮跟疏離的態度展現著自己，直到接觸了澄識催眠後，在安在與平靜之中，感受著身心靈和諧一致時，漸漸貼近自己的是如此美好。

從來不曾想過自己會成為催眠師

如果要我用一句話來形容自己，那就是：這是個不放棄所有可能的生命。

我在走過的每個起伏與顛簸中，尋找著自己生存的意義與目的。

十二年前，初次學習催眠師的課程，我在所有演練及技巧的練習中，看見那個總還迴繞著被害者心態、固著太深的自己。在各個探索自我及身心靈領域的工作坊中，那些過往綁縛住的自己，呼喊著想被理解跟釋放。

每次的課程中，無論是上課內容、實作演練，或是在學習理論跟技巧，其實都只是對亟需獲得身心喘息的我，提供了得以休養生息的空間。偶然地參加彭老師的工作坊，一見面就有著莫名的契合感受，深刻的在下課後持續發酵延續著。得知老師將開澄識催眠班的課程，於是便去上了老師的課，並且在每次的實作中，透過催眠來療癒自己。因為催眠師的研習課程，開始了安撫內在小孩、追溯以往的前世今生、探討生命議題及未竟夢想、還有在建構未來的藍圖前，所必須對現今做哪些改變的認知等等……慢慢的從身體、心理的傷口開始，我因為正視問題而結痂至痊癒，提醒著我，正在往復原的道路前進著。

澄識催眠的課程裡，彭老師在原有的催眠理論中加入更多療癒及心理層面的理解跟技巧，讓我更加放寬心，更開放的吸收著更多養分，進而將催眠帶入生活之中，跟自己原有的能力做整合。

而催眠前的放鬆及狀態的調整，對我而言與靜坐前的靜心有著相似的過程，就是將腦波調整至潛意識活躍的頻率，讓自己有著更寬闊而自在的型態。是靈性的，也是科學的。在一次次的安撫內在小孩中，回到還在母親肚子時期的我，明白自己何以會擔心被拋棄，導致生活中每每對自己的否定、對他人的遷就跟討好。

在催眠中，跟那個小女孩牽著手，陪著她度過生命中的每個階段後，逐漸的開始重新調整更貼近自己的狀態。在某一次「前世回溯」時，看見許多世的自己都是具有能跟萬物溝通能力的行為者，或者是巫師，或者是祭司，也大多數是修習靈性溝通的行為者。明確而鮮明地告知自己——「這能力是帶著祝福，而我更必須善用之，無須覺得是怪異不被理解，就只是善用就好」。回到現實狀態後的自己，終於開始誠心的悅納自己！現在的我，看著曾經在我生命中的每個發生，感謝它曾經存在，感謝它讓我體會明白，也感謝自己，未曾放棄的那些勇敢跟堅持，逐漸成為一個單純愉悅，內外和諧一致的自己。

課堂實作分享

輕柔的音樂聲中，老師帶領著我們放鬆著，為今天的課程展開序幕。解說之後，一如往常的是找同學做練習——三人一組，一位為個案、另外兩位則是催眠師——我先自告奮勇地擔任個案，今天的課題是「前世回溯」，在事前的會談中，我希望透過催眠，「了解自己為何對韓國情有獨鍾」。

在催眠師的帶領下，我緩緩進入了當時的關鍵場景。在某兩世中，看見自己是朝臣兩班家的小姐，這兩世中的我都潛心佛教，也常常施食給當時的孤苦人家，看見場景中的自己臉上蒙著紗巾，將食物分送著。另一幕則是看見自己正跪在大雄寶殿中頂禮佛前，而身處是我熟悉的廟宇，名稱及建築物都深深印入眼裡及心裡。接著場景轉到一處建築，高聳而門禁森嚴，催眠師讓我看看自己的穿著時，我看見自己身穿的是清朝時親王的服飾，正在宮門外焦急踱步的等候，直到守門禁軍察覺我的身分後，我迅速進入皇宮內與當時的皇帝見面——原來此世我是皇帝的親弟弟。

然而進入皇宮中，竟然只有皇帝孤身一人在等待著我，皇帝說他與眾臣商議之後，有著孤掌難鳴的難處，問我該如何是好。

我回應說：「應以百姓為第一福祉，身為皇族更應該感受百姓疾苦，這樣的皇帝才值得百姓愛戴。」接著，催眠師帶領我慢慢回到現實的時空時，我們討論著我的前世回溯帶給我什麼感受。

我仔細的感覺後，說：「在兩世的韓國場景裡，解答了我今生每到韓國為何必去古老殿閣，彷彿自己曾在此走動過；也會去某間佛寺裡靜心打坐，因為覺得自己就像回到家裡似的自在，原來是在前世的自己所熟悉的地方，也說明了對於韓國的氣候及食物，總是感到熟悉跟適應的原因；第三個場景則是與我此生男性特質中的果斷跟敏銳反應似乎有著關聯性。」

其中一位催眠師分享著她的感覺：「從妳的累世中都傳達出一個訊息，妳是個憂國憂民、能夠感受眾生疾苦的善良靈魂，有著剛正的正義感，卻也有著悲天憫人的感性，跟現在的妳很相似嗎？」一瞬間，我覺得自己被理解著，更因此領悟到，催眠在於我身上所能展現的部分竟是如此廣大且真實。

催眠於我在生活中的運用及影響

學習了催眠，當然要落實在生活之中。由於彭老師曾在課堂上分享某一個案，是經由催眠來理解夫妻間相處時的癥結點，於是在某一天，自己準備做自我催眠時，就先想好同一課題。先把自己的呼吸調整好，慢慢地進入 trance 狀態，接著進入了關鍵場景。

我看見自己在某一世時，跟現在的先生是主僕，他聽從我的每個指令，忠心誠懇的執行我對他交付的每個任務。在這一世中，我跟他雖為主僕，其實他對我有著情愫，而我絲毫未曾察覺，只覺得他非常忠誠及盡責。

場景接著來到另一世，我們之間仍然是主從關係，只是這世的我潛心向佛，他終身守護著我的安危。再來的第三世，我是修行者，立志苦修時，遇見了他，在我生命即將結束前，他將自己唯一果腹的餐食供養了我，而我最後也對他說：「若有來世得見，必將助你乘願。」之後嚥下最後一口氣。

帶著這三世裡的彼此關聯性，我慢慢地回到現實空間後，仔細思考著我跟先生在相處時的種種細節。原本的理解是：喔！原來用主從關係來跟他相處會是答案，難怪我用女人對男人的方式時，彼此都覺得不像自己。這樣的理解在一個月後發酵，正是在課堂上練習做「前世回溯」時的我，看見不接納真正的自己的那個部分。

我把兩者做了結合及整理之後，才發現真正的意義是：當我接納自己原本的特質，看待事情的角度是不同的，不會批判，只是尊重所有生命各自的展演。有著這樣的體會之後，重新看著彼此時，發現自己曾經狹隘的去解讀對方，忽略了對方曾經努力的部分。於是我調整自己，從此劍拔弩張的氛圍改換了，以往覺得被傷害的感受，一瞬間成為「這是課題」，一切都是中性，無所謂誰是誰非。

今生相遇是因為與我曾有著連結，今世是來圓滿彼此的。這些過程讓我明白，催眠不單單是在當下會有所啟發，其實也是個看見自己的契機，而且能有效的在生活中發揮著影響力，讓人們得以從困境中找到自己的資源及能力。這些過程，都是讓我知曉如何在兩者之間取得平衡，更要能夠將兩者融合以更超然的態度，完成每個個案。對我而言，日後的我，將會牢牢記取這些，並且以更寬廣的角度及深度來從事催眠師的工作。

如何提供動物溝通

帶著在課堂上的學習，生活中與催眠的結合與運用，除了在個案中有著啟發，同時對於在人與動物間的溝通，也有著可以結合的方式，目前以下列兩種的方式來做著服務。

其一是，主人與動物間經由催眠後來做溝通，為飼主及動物兩者間的訊息傳達交流。運用催眠使主人進入潛意識活躍的狀態，在期間做著引導之外，讓兩者間能夠清楚的將意思表達，還必須觀察兩者間的心理狀態，尤其是當主人希望自己能夠跟已離世的動物做溝通時，必須經由事前的會談來了解其對離世動物做溝通的目的為何——因為與已離世的動物溝通時，主人對離世動物會有著各種情緒——在帶領由催眠回到現實狀態時，對主人所做的催眠後心情的轉換都必須更謹慎。

其二則是，由催眠師本人與動物溝通，是主人將想要溝通的問題經由催眠師代為轉達給動物後，再將動物的解答傳達給主人知悉。大多是因為無法親自到場或是主人希望代為溝通時，所採取的一種方式。

可藉由現場、視訊或是通訊軟體在約定的時間裡即時做溝通的訊息轉達。同樣對離世動物做溝通時，主人跟動物間都會有各種心情，直接而無法狡飾，所以人類嘴裡說著對動物的愛，在動物溝通時絲毫無法被掩藏，因為動物會直接反映出其真實性。

溝通完成後，仍然必須請主人分享心情轉變跟正確觀念的傳導，這個時候，催眠的放鬆導引往往可以舒緩主人的心緒。在實際施作動物溝通的經驗中，對離世動物與主人間，可用催眠狀態來平復著創傷、不捨或愧疚感。對身邊的動物做溝通，則可以讓他們在主人間有著更多理解，使彼此的生活更融洽。

動物其實跟人類並無不同，受到疼愛會感謝；被不當飼養甚至虐待也會覺得是自己的錯；也會有分離焦慮，被拋棄也會封閉自己。尤其是流浪過的動物，在適應新主人及新環境時，常會因為過往的經驗，表現得難以親近而使得新家人覺得挫折。只要能讓彼此多些了解，用愛來填補，美麗的情感電波交流時時都在發生著。

常有人質疑動物也會跟我們溝通嗎？只要願意敞開心，心意是可以傳達的！

動物溝通實例

水晶進行曲：愛讓我重獲新生（水晶及六小崽）

尋求溝通協助的是一位從事毛小孩之TNR、救援及送養的中途M小姐，接手安置其他中途救援自無良繁殖丟棄的孕貓，並暫且以「太太」作為貓咪的名字。

太太臉上有打鬥的撕裂傷已先行醫治，而且經獸醫評估，大約二十天內隨時都可能會生產，但太太卻不肯進食，還有其他防禦警戒行為，M擔心著太太跟腹中胎兒的狀況，想理解太太有什麼需求或困難，如何才能提供幫助。

經由事先的協談，我請M對於今天與太太間的溝通，先準備好想了解的提問，接著讓音樂聲輕輕流洩，讓太太跟M都能在接下來的過程裡放鬆。我帶著催眠的導引，逐漸帶領著M進行與太太的溝通。

「M，請用妳覺得最舒服的姿勢、用妳覺得最自在的頻率，先做幾個深呼吸，深深的吸氣，緩緩的吐氣。」

「每次的呼吸將讓妳自己更加的放鬆，很好，當妳覺得想閉上眼睛時，就閉上妳的眼睛。」

「繼續做著幾次的深呼吸，慢慢的，在妳每一次的呼吸中，妳將越來越進入更放鬆的狀態。偶爾或許會有其他的聲音出現，但這所有的聲音都將幫助妳更加進入放鬆的狀態。」觀察著M逐漸進入深化中。

「M，當我從一慢慢數到三的時候，妳將會到達某個地方，而太太會在那裡等妳，當妳看見她時，可以告訴她，妳想跟她說的話。」

「M，當妳看見太太時，也請用妳的方式讓我知道，一，妳更加放鬆了，二，妳漸漸地朝著跟太太見面的場所接近著，三，妳看見太太了嗎？」M猛力的點著頭說著看見了。

「嗯！很好，把妳的意思告訴她。」

M說：「太太，能不能告訴我，怎麼都不願意吃東西呢？我很擔心妳跟孩子啊！」接著，在催眠狀態中的M表示太太說了以下這些話：「我根本不想再活著，這輩子活得太辛苦了！本來以為，至少還能這樣生活下去，結果把我們載去陌生的地方。剛開始還有飼料可以吃，但是飼料越來越少，肚子裡的孩子每天都在長大，我只能打架才能搶到一點點吃的，我跟他們本來是朋友的，他們看我有孩子會讓我先吃，或者保護我不被欺負。但是，他們也越來越沒力氣，打架輸了受了傷，支持不下去的就離開我了！我以為自己支持不下去的，可是，孩子在我肚子裡，我只希望他們不要重複過我這樣的生活！所以，有誰能救救我的孩子啊！每天都這樣的想著，後來我們被發現了，被帶離開那個可怕的地方！我再也不要回去了。」此時的M，胸口有著很快速的起伏，眼淚也流了下來。我引導她說出心裡的感受。

M沉默了一會，說著：「老師，我好難過，還覺得好憤怒，人類為什麼可以這樣對待其他生命啊？我該怎麼讓太太知道我不會這樣對待她跟孩子啊！」眼淚成串成串的流了下來，眉頭緊縮著，雙手在胸口緊握到泛白。

M繼續說著：「我要讓太太知道，從現在開始，她會有幸福的生活的，我會為她努力。」我請M自己對太太繼續說：「把這些話告訴太太，看著她，看她怎麼回應妳。」

M說：「太太，對不起！讓妳曾經過著這樣的生活。妳的想法是這樣嗎？怎麼可能，我怎麼可能只救妳的小孩呢？我不會就只是這麼做！我一定會把妳跟孩子都照顧得好好的，然後為妳們找到幸福啊！為妳們慎重挑選好的人，在這之前，會把妳們照顧得健健康康的！」M說太太搖頭，太太說她不相信。

「M，請妳看著太太，繼續說妳想跟她說的。」

M呼吸急促還流著眼淚，努力調整自己的呼吸中，繼續嗚噎著對太太繼續說：「太太，現在妳在這裡了，以後不會再過那種生活，生完這胎後，身體調養好就會請醫生幫妳做手術，以後就不會再懷小孩了喔。妳相信我！好不好？要開始吃東西，吸收營養，把孩子們都健康的生下來。我們一起努力，一起努力！讓我為你們做些什麼來彌補妳曾經受到的傷害！」

M表示太太知道不是我傷害她的：「她知道我是好人，但是太太說真的覺得很累，沒什麼活下去的理由。」

「很好，M請妳持續向太太表達心意，如果有任何需要我的地方，請告訴我。」

M：「我會盡最大的努力的，太太加油！好不好！太太，為了孩子，再試一次！妳看，這裡有罐頭，我特別準備的營養罐頭，只要妳願意吃，我就為妳準備著，孩子跟妳都需要趕快補充營養，如果這種口味的妳不喜歡，我也可以準備其它營養補充的食物。孩子出生後，幫妳好好調養身體喔！」

「是的，M，現在太太有什麼改變嗎？」

M此時伸起了右手向前招呼著，由緩慢逐漸加快：「嗯，老師，太太往我這裡走過來了！太太似乎願意相信我的話了。」

M臉上緊縮的眉毛伸展開來，開心的說著：「這樣我放心了些！可是太太雖然比較靠近我了，但太太沒回答我耶！」我請M繼續跟太太對話看看。

M：「太太，跟我說說妳心裡想些什麼好不好啊？」

M表達著太太的意思：「老師，太太說她是水晶不是太太。她說不喜歡被叫做『太太』啦。她說以前活得太苦了，從現在開始，她想要過得好一些，所以，她要我們叫她『水晶』，她的名字是『水晶』，不是『太太』喔！」

我點點頭回應M：「喔，『水晶』真是個好美的名字。」

「M妳還想跟水晶說些什麼，直接告訴她。」

M：「水晶啊！妳要好好吃飯，把身體養好，才能把孩子平安健康的生下來。也要把傷口治療好，身體健康才會有力氣生孩子。」臉上掛著微笑的M繼續說著水晶想告訴我們的話：「我以前很漂亮的，要不是懷了孩子，又沒有東西吃，不會受傷，也不會變醜！我希望叫M姐姐喔，姐姐，我應該很快就會生產了，妳可以帶我去給醫生看看孩子好不好嗎？姐姐，要幫我準備可以安全生產的地方，這裡還有其他貓，我生孩子時，不想被看見。姐姐接生過嗎？會幫我帶小孩嗎？每次生完孩子就被抱走，我擔心自己不會當媽媽，姐姐能幫我嗎？」

只見M猛點頭並回應著：「我有經驗，妳放心，帶妳去醫院做檢查時，我還是會仔細請教醫生的！妳要吃東西，我會帶妳去看醫生，臉上的傷口也要再看看。水晶妳餓了吧？願意吃東西了嗎？」M說著水晶表示想吃東西了。

我問M：「現在的心情如何？有些什麼感覺？」

M回應說：「開心極了，想好好的照顧水晶還有她的小孩啊！」

我導引著M，回到現實的時空：「這開心的感覺請妳好好收藏著。帶著這些感受，細細體會，請妳帶著所有的體會，慢慢的我們將會回到這個地方，妳將會逐漸感覺到身體，然後回到這裡，當妳覺得想張開眼睛時，就可以慢慢的張開眼睛了！」

M伸伸懶腰，往水晶看去：「我想先去餵水晶了。」

我向M詢問：「覺得一切還好嗎？沒有任何不舒服吧！」

M半跑步的往廚房過去：「沒有，我想先去餵水晶了。」嘴裡說著：「水晶，我來了，等我一下喔！要慢慢地吃喔，我不會讓妳餓肚子的，會多餵妳幾次，每一次都慢慢地吃喔！為了妳自己，更為了孩子，我們一起加油！」在水晶低著頭吃著M準備的食物中，我們完成了對M與水晶的溝通，彼此的心都暖暖的。

十天後，水晶生產了，產程花了快六小時，老么比較賴皮，在媽媽肚子裡多待了好久才出來跟哥哥姐姐見面。這胎總共六小崽貓，四男兩女。每次的動物溝通都讓我深深的感受著，成為動物溝通師更應該謙和與寬容。而能對動物有著更友善跟珍惜的心情及行動，更需要我們一起努力！

結語

學習了澄識催眠，讓我重新審視自己。每次的陷落其實都帶著祝福，所有的發生也都有其正面的意義。即使擁有著接收訊息的能力，但我會更戒慎恐懼地做判讀，將會帶著警醒與覺知，將課程所學習的，適切地、妥當地運用在每個需要的個案上。以他們為主角，陪他們走一段尋找自己的旅程，這也是我履行成為催眠師時，對自己許下的期許及承諾。

從催眠中學習放鬆與安定

文／Nick（曹嘉祥）

Nick（曹嘉祥）

我是催眠師曹嘉祥，在繁華台北，位處山邊的科技大學資源教室，熱情在特教生輔導人員工作。

臉書粉絲專頁

Nick（曹嘉祥）

井底之蛙

在人生的經驗中，對於「催眠」兩個字，我第一個聯想到的就是「被控制」——這個經驗來自於電視上演的「三、二、一，你就會睡著！」然後催眠師就會下指令、控制你，你就會跳起舞來或是做出奇怪動作——這是我在接觸澄識催眠前的想法。

井口之蛙

一次偶然的機會，我與朋友一起參加了催眠體驗工作坊，跟著催眠師的指引全身放鬆，他下達了一些暗示性的言語——告訴我們眼睛張不開，越用力越張不開——而當下的我很聽話的跟著步驟進行，最後體驗到了真的張不開眼睛的「感覺」。但也因為張不開而太過緊張，導致後面的催眠體驗完全無法進入狀況。

正因為這樣前後明顯的感覺差異，我知道——當你夠相信的時候，是可以完成很多事情的，但如果擔心害怕，許多的機會也將錯過。

有一次朋友告訴我，他在網路看到了催眠師受訓認證課程，而我因為有先前的經驗，決定突破自己的習慣，投資自己的資金及時間，踏入催眠受訓之路。

這個過程中打開了我全新的視野，原來「催眠治療」的自由溫暖和「催眠秀」被控制感是這麼的不同，也因為這是我從未接觸過的，受訓完成後依然對實務性治療有著沒自信和疑惑，最後我還是回到了原本的生活工作上。

井外之蛙

時間很快的過了兩年，我發現彭渤程老師在網路上開了「澄識催眠」的受訓課程，「澄識催眠」是專注而放下意識產生的改變，讓我的內心更加確定我要繼續學習成長，因為催眠的貼近，讓人感到溫暖及安定，更重要的是，我看見了自己所欠缺的強大堅持動力。

有了催眠經驗的我，再一次踏上了催眠的學習之路。澄識催眠重視的是基本功，穩定安定的步調，也正是我需要的緩慢而平靜。這一次，我清楚的感受到在催眠中的自信——這是很重要的，催眠師與被催眠者在當下的感受相當高，若催眠師自己也都感到很迷惘、不確定，那被催眠者是可以感覺到這細微的不安全感的。

彭老師自己從催眠的疑惑中走出來，所以自己在訓練中除了感受到安定外，老師也很有想法的要給予我們實務經驗，讓我們藉由公益催眠，提升更多的經驗實力，現在催眠遇到問題，都可以在催眠當下穩定的去看見和面對。

放鬆自己很簡單

我在學校擔任特教老師，因為是需要與人互動的工作，常常會有學生跑來找我聊天聊心事，而我自己也很享受著互動的過程，但也因此常錯過用餐時間，長久下來，精神能量總是會下降，而現在最快速的方法就是帶領自己全身式放鬆，並且來到舒服放鬆的空間。因為催眠當下感覺什麼事情都停住了，只剩下專注的放鬆這件事情，而很神奇的是，身體的肌肉細胞都鬆了開來，思緒清晰了起來，簡單的幾分鐘，就像是睡了很長的覺一樣，變得有精神許多。

而藉由所學帶領給特教生，發現及改變也是我的目標，不管是天生或是後天的障礙，最困難的確實是要對無法專注的學生進行催眠治療，但催眠廣度是沒有極限的，漸進式全身放鬆或是強化當下所想到的畫面，甚至是回憶過去畫面的感受等等，這些都讓我在和學生的互動上更有方向。

有一個壓力大、煩惱多的學生來找我聊天，我便請他專注在呼吸上，並帶領他對身體的每個部位放鬆，一直到全身放鬆，想像一個舒服放鬆的空間，並且進到那個畫面當中，藉由視覺、聽覺、嗅覺、味覺、觸覺來加深身體所有的感受，在畫面中好好休息。

學生體驗完後和我說：「剛剛很舒服很放鬆。」雖然還沒有討論到他的壓力和煩惱，但感覺心情有變好很多，也因為這樣，他也可以平穩一點的和我討論他的問題。這樣快速平穩的方法，讓我和學生的互動更加順利。

覺察

有一位我很欣賞的學生，平時的他開朗積極有活力，右手壯碩，左手萎縮，他是肢體障礙，熱愛的運動是打籃球，他還說過：「克服障礙，眼前就無礙。」

因緣際會下，我邀請他體驗催眠，經討論後他要體驗的是前世催眠，因為對於內在的好奇和他想看看前世發生了什麼事情，想藉此來對應今生。

他對於催眠治療沒有什麼概念，只知道如電視上那種被控制的樣子，當然，催眠師必須在催眠前先聊一聊，使被催眠者降低對催眠的疑惑和不放心，這樣對於整個催眠歷程能夠更專注。也要簡單的說明一下澄識催眠，像是——催眠不是睡著是清醒的、不會被控制、過程想動想打噴嚏都可以、不舒服隨時可以自己張開眼睛或和我說、相信催眠師、不討好催眠師（沒畫面就說沒畫面）等等，互相確認沒有問題和疑惑後，就請他調整一個自己覺得舒服的姿勢，然後閉上眼睛。

（Nick：代表催眠師，朱朱：代表學生）

Nick：首先先專注呼吸，平穩緩慢的呼吸，甚至聽見自己呼吸的聲音，此時周圍可能有一些聲音，但沒有關係，這些聲音會使你更加專注在自己的呼吸上，（開始全身式放鬆）現在請你感受一下頭頂有一股放鬆的感覺蔓延下來，額頭放鬆、眉毛放鬆、眼睛放鬆、耳朵放鬆、臉頰放鬆、鼻子放鬆、嘴巴放鬆、下巴放鬆，現在臉部肌肉完全放鬆下來（此時他的眼睛翻了幾次白眼，一種很放鬆的身體反應），放鬆感覺來到脖子，脖子放鬆、肩膀放鬆，肩膀的肌肉整個放鬆下來，手臂、手軸、手腕，一直到手指頭都完全放鬆下來（此時手指頭微微跳動了一下下），胸口放鬆，當胸口放鬆時，內心感受到平靜，肚子放鬆，放鬆感覺一直來到臀部，大腿放鬆、膝蓋放鬆、小腿放鬆、腳掌一直到腳趾頭都完全放鬆下來，現在感受到全身都完完全全放鬆下來了，身體的肌肉甚至於到骨骼都完全放鬆下來。等一下當我由三數到一的時候，眼前會出現一個舒服空間的畫面，三、二、一，你看見了什麼？

朱朱：……沒有。（有點焦慮緊張）

Nick：眼前有看見什麼顏色嗎？

朱朱：白白的一片光。

Nick：看到這一片白光有什麼樣的感覺？

朱朱：……沒有。（此刻感覺似乎焦慮以及不放心，所以決定快速喚醒他）

Nick：現在回到這個地方，並且張開眼睛（並非真的完全從催眠狀態清醒過來，只是張開眼睛），舒服空間會想到什麼？

朱朱：海。（並且討論了對於海的畫面，一個人在這裡是舒服放鬆的感覺）

Nick：現在請你再一次的閉上眼睛，專注呼吸，很快的來到潛意識當中，感受自己來到舒服空間——海——的這個畫面，你看到了什麼？

朱朱：……沒有。（之後也都沒看到什麼畫面，因為時間的關係，決定將他喚醒）

Nick：等一下我會從一數到十，當我數到十的時候，你會充滿精神的回到這個地方，並且張開眼睛。（將其喚醒）

聊了聊在剛剛催眠中的感受，學生表示，每當要去到「海」的畫面前，就會一直想「海海海，什麼樣子的海」，所以看不到就緊張起來。這也回到他自己本身的個性，無論什麼事情總是會先思考許多方式和可能性，也因此容易忽視第一刻的感覺。催眠中是不用太多思考的，海，就是這個字，這個瞬間，當你看到或聽到，你腦海出現的畫面，就是人生經驗和潛意識最直接的連結。

第二次的前世催眠，學生秉持「克服障礙，眼前就無礙」這句話，很願意繼續被催眠，也期望自己能看見很多畫面，開始前他說了：「今天有點累，等等應該會睡著。」（他已經催眠自己等等會睡著）而我也接受所有催眠過程中所發生的事情，我回應他，並且再一次說明上次的互動過程以及把握畫面的瞬間。

Nick：如果你準備好，就閉上眼睛，專注在呼吸上，很快的回憶起上次放鬆的感覺，並且帶領自己放鬆，等一下當我的手觸碰到身體的部位時，那個地方會瞬間放鬆下來，（觸碰頭）放鬆、（觸碰肩膀）放鬆、（觸碰手臂）放鬆、（觸碰大腿）放鬆、（觸碰膝蓋）放鬆，等一下我會抬起你的右手（抬起右手），並且在我放開右手的瞬間，你會感受到一種瞬間放鬆的感覺（放開右手往下掉），感受全身已經完全的放鬆下來。（此時聽見學生很大的呼吸聲）若是感覺自己完全放鬆下來了，可以點個頭讓我知道。

朱朱：（持續呼吸很大聲很沉，沒有反應）

Nick：若是有聽見我的聲音，可以點個頭讓我知道。

朱朱：（持續呼吸很大聲很沉，沒有反應）

Nick：等一下我會抬起你的右手（抬起右手），並且在我放開右手的瞬間，你會感受到一種瞬間放鬆的感覺（放開右手往下掉），感受全身放鬆下來。若是有聽見我的聲音，可以點個頭讓我知道。

朱朱：（點頭）

Nick：好，很好，等一下我會從三數到一，當我數到一時，你會來到一個你覺得非常舒服放鬆的空間畫面。三、二、一，現在看見了什麼？

朱朱：沒有。

Nick：現在請你試著去感受一下，當我說出「舒服空間」四個字的時候，腦海裡第一個出現的畫面，當我說出「舒服空間」四個字的時候，去抓住腦海出現的第一個念頭，第一個畫面，抓住那個瞬間，當我說出「舒服空間」四個字的時候，舒、服、空、間。現在你看見什麼？

朱朱：海。

Nick：還有嗎？左邊、右邊、後面，可以仔細看看。

朱朱：沙灘。

Nick：感受一下自己在畫面中的什麼地方？

朱朱：沙灘上。

Nick：可以看見自己的腳踩在沙灘上嗎？

朱朱：不能，看不見。

Nick：好，沒關係，請你在畫面中尋找一個讓你很放鬆的位置，並且停下來。

朱朱：看到一張床。

Nick：在你的哪個位置。

朱朱：前方一點點。

Nick：現在請你再靠近一點，可以和我說它的樣子嗎？

朱朱：單人床，白色的。

Nick：看到這張白色的床有什麼感覺？

朱朱：舒服。

Nick：如果可以，你願意試著躺上去看看嗎？

朱朱：嗯。

Nick：好，現在可以躺上去感受一下，靜靜感受周圍的一切。聽見了海浪的聲音，海風的聲音，海風輕拂過臉頰，很輕很柔，聞到了淡淡的海水味，非常放鬆，靜靜的在這裡休息一下。（等待了一下）如果休息夠了，可以點個頭讓我知道。

朱朱：（點頭）

Nick：此刻看見了什麼？

朱朱：夕陽。

Nick：願意下床看著夕陽散步在沙灘上嗎？

朱朱：嗯。

Nick：現在請你慢慢的走下床，並且感受腳觸碰到沙灘上的感覺，是什麼感受？

朱朱：暖暖的刺刺的。

Nick：你可以試著往前走，往前走，往前走，然後回頭看看，剛剛經過留下的腳印，看得清楚嗎？

朱朱：可以。

Nick：好，等一下我們會進行時間的回溯，不知道會到什麼地方，可能是曾經發生過的場景，也可能是更久之前的事情，等等跟隨潛意識，靜靜看著所有的一切，如果準備好，可以點個頭讓我知道。

朱朱：（點頭）

Nick：如果有一種工具是可以很安穩的帶領我們回到過去，請你感受一下那會是什麼。

朱朱：車子。

Nick：等一下我會從三數到一，當我數到一的時候，車子會出現在你面前，三、二、一，有看見車子嗎？

朱朱：有。

Nick：在你的哪個位置？

朱朱：前方。

Nick：看得清楚顏色、車型、牌子嗎？

朱朱：藍色，四人坐的那種。

Nick：可以上前摸摸看觸感、溫度。

朱朱：暖暖的。

Nick：等一下車子會帶領你回到過去，你想坐在車子的哪裡？

朱朱：駕駛座。

Nick：好，你現在可以坐上去，感覺一下車內的一切。

朱朱：很舒服。

Nick：等一下我會從十數到一，車子會不斷的移動，而周圍的畫面也會不斷的移動，可能是曾經發生過的事情，也可能是沒印象的畫面，但沒有關係，我們就是看著這些畫面，而當我數到一的時候，潛意識會帶領你停在一個畫面。準備好可以點個頭讓我知道。

朱朱：（點頭）

Nick：十，車子慢慢啟動，九、八，速度越來越快，七、六，畫面不斷移動，五、四，平靜安穩的看著周圍一切，三、二當我數到一的時候，會停在一個畫面，一，現在眼前看見了什麼？

朱朱：一棵大樹。

Nick：什麼樣子的大樹，有多大？

朱朱：不知道是什麼樹，但有自己的兩、三倍高。

Nick：有看過這棵大樹嗎？

朱朱：沒有。

Nick：看見大樹有什麼感覺。

朱朱：孤單。（鼻子有點紅）

Nick：可以上前去觸摸看看，有什麼感覺？

朱朱：粗糙的樹皮感覺。（右手也跟著微微的動）

Nick：如果可以對大樹說句話，你想說什麼？

朱朱：至少還有我。

Nick：那大樹想和你說什麼？

朱朱：謝謝你。

Nick：在畫面中還看見什麼？

朱朱：海。

Nick：在你的哪個位置？

朱朱：右邊。

Nick：海給你的感覺是什麼？

朱朱：舒服有能量的。

Nick：現在請你去感受一下剛剛海所給你的能量，將這舒服放鬆的能量喚起，並且藉由你的手，傳給這棵大樹。

朱朱：（頭由右邊轉向左邊，右手微微的動）

Nick：當你感覺傳送的差不多的時候，可以點個頭讓我知道。

朱朱：（點頭）

Nick：（因為時間的關係，決定將他喚醒）等一下要慢慢的將你帶回這個地方，如果你準備好可以點個頭讓我知道。

朱朱：（點頭）

Nick：等一下我會從一數到十，當我數到十的時候，你會充滿精神的回到這個地方，並且張開眼睛。（將其喚醒）

我詢問他為什麼看得見畫面，感覺差別是什麼，他向我分享：「因為一開始會一直想，海，什麼海，應該是什麼樣子，但後來抓住第一個瞬間，沒有什麼思考，看見什麼就說什麼。而過程中，夕陽真的非常美，灑在海上，非常棒，而因為畫面中是一個人，所以也想過讓其他人一起進到畫面裡，但好像無法做到。大樹一看到就覺得有點想哭，感受到孤單的感覺，很希望自己可以傳送些能量給大樹，但能力有限。」

最後我問他，如果大樹連結到他生命中的一個畫面會是什麼，他回答：「小時候吧。」

我想，在這過程中所發生的一切畫面，對學生一定有很重要的意義，而我，正帶領著他們，細細品味。

感謝生命

文／Sandy

Sandy

療癒師，專長為塔羅、催眠、靈氣、情緒頌缽、水晶排列、合一訓練師等。

臉書粉絲專頁

午未印工作坊

LINE 好友

緣起

在過去，我自認一切順遂，什麼是「天命」，或是「通靈、身心靈」都不了解，總用科學的知識理論來了解自己。有時，甚至都不想承認自己有這些通靈體質。

就業後，環遊世界一直是我心中的夢想，自知自己並沒有優厚的收入可以去環遊世界，於是選擇從旅遊業小妹開始做起，逐步圓夢。

曾經與幾個好朋友一起合作，想要開創旅遊事業，單純地想圓夢，拼命地往前衝，一整年下來雖然辛苦，但大家內心是開心的。不過正當業績上升時，不幸遇上詐騙案件被騙了一百多萬元，當時只感覺我的人生從天堂掉了下來，天天倉皇不安，此時合作的旅遊團隊之間開始不信任彼此，紛紛離開這個團隊。

這些事讓我對於從事旅遊業有很大的恐懼，但是，我還是不甘心地想要重新找回自己對旅遊業的熱忱。這段時期發生了許多事情，有辛苦、有疲憊，我仍咬著牙，基於責任感，選擇先把客戶的事情圓滿解決；可是我開始負債，有著說不出的糾結與創傷。

每每夜深人靜的時候，我獨自不斷的哭泣、自責、批判、怪罪，總覺得對不起身邊的每個人，曾經也痛苦到想要一走了之，反覆的憂思、悔恨，自己彷彿掉進深淵，不知道應該跟誰說這些事件，找不到情緒的宣洩處。

將近一年多的時間裡，我把自己全部封閉起來，不想要家人擔心，也重新告訴自己，在哪裡跌倒、就在哪裡開始——我開始找旅遊業的工作，試圖振作，內心拼命地告訴自己，不能哭，別害怕，哭不能解決事情。我彷彿冰封了淚水，把情緒深深的掩藏起來，連續五六年，我都不懂得什麼是哭泣。

但是，也就是在這樣處境艱難的時候，我開始思索自己人生。我對朋友重情義、也沒有對不起任何人，怎麼會遭遇到這樣的事情呢？我想尋找解答，舉凡人家介紹的課程，都會去試試，也開始學著看一些書，例如在《秘密》這本書裡，書中寫到「『吸引力法則』——我們生命中所有發生的一切，都是被自己心中的「思想」所吸引而來的」這句話字面上很清楚，但我內心卻不解——為什麼我會吸引這些令我痛苦的事呢？

在這樣想探索自己生命的動機下，我開始學習直覺塔羅，也開啟了用塔羅去協助朋友，看見自己生命困境的機緣。

後來覺得直覺塔羅好像不能滿足自己靈性圓滿的成長，同時也自覺要學習更多元、更廣泛的面向，所以我接觸了合一、靈氣、水晶排列、西藏頌缽，而這些都有些類似的地方，就是會用到——催眠。在直覺塔羅時，催眠的方式只是憑直覺，但我的內心總覺得不夠，應該要再學習更深入的催眠技巧與手法，讓自己更進一步。而經過朋友的介紹，我接觸了「澄識催眠」。

與催眠的相遇

在幾次催眠的經驗過程中，我看見了自己總是恐懼金錢、感情不順、走進身心靈修行的原因，我卸下心防，慢慢地放鬆，這時也才知道，原來自己的身體是緊繃的。

在催眠師的催眠中我漸漸看見了畫面，看見在國高中時，爸爸因為簽賭輸了，動手打媽媽，我當下只能大叫，可是就在這時候發現了，我的潛意識告訴自己——

要靠自己賺錢，不依靠任何人。從此我都半工半讀，不再依靠家裡，也因為爸爸動手的事件，對爸爸的怨念很深，覺得他是個不負責任的父親，卻不知道因為這樣，我在感情上也變得沒有安全感，覺得沒有什麼是真的。

接下來老師要我往下一個場景去看——畫面轉變成我十九歲時的男朋友，他身邊有一個女孩子，這時我心裡很難受，因為當時男朋友要我嫁給他，但我尚未準備好，沒想到過沒多久，就聽到他結婚的消息，覺得自己被拋棄了，覺得沒有人真心愛我，而這些感覺造就之後我在感情上，只要稍微覺得不太對，就會立刻說分手，天真的認為這樣就不是被拋棄，而自己也不會陷在感情的泥濘裡。可是十幾年過去了，我發現自己很孤單，檯面上別人總覺妳很忙，但內心卻是孤獨的，女人總希望有人愛有人疼，看到這樣的過去，我的淚水早已經流了滿臉。

平靜了情緒後，我才繼續的往下走，畫面轉換成我在一匹馬上，正在帶兵打仗，拉遠看我才發現原來自己是一個將軍，可是我們卻打輸了。士兵們因為錯信了我的話才戰死沙場，這些士兵們就像是自己的好兄弟一樣，我卻因為耳根子軟，讓他們面臨了死亡，讓他們的家庭支離破碎，我很不甘願也很不甘心，而老師引導著我，讓我對著這些將士們說出最深沉的道歉，我的淚一直沒停過。老師問：「還要繼續嗎？」

我告訴自己，我需要看見與面對，於是點了點頭，即使淚已沾濕了所有的頭髮。接著我看見自己身在一個清朝的官宦人家，是一個千金小姐，愛上了一個將軍，但是因為身分，婚姻必須由皇帝指派，不能自由選擇跟自己所愛的人在一起，而是必須聽從命令嫁給一個不愛的人，孤獨的終老。看到這裡我才明白，為什麼從出生後，總是感受到一股很深的孤獨感，那種想愛而不能愛，必須聽從命令的宿命，在當時令很多女人都很心碎吧！

畫面接著來到了一個山洞，雖然四周都是黑暗的，但我知道自己是一個穿著白色長袍的老道師，摸著四處冰冷的牆壁。

老師問我：「在做什麼？」

「看見自己在裡面閉關打坐。」

「心情如何呢？」

這時心裡只有平靜，感覺這就是正在做而且必須做的事情——只有我一個人在這山洞裡終老。有很深很深的孤獨感。

這幾次透過催眠，我看到自己為何那麼孤單，也看見對金錢上的恐懼是來自於父親，所以這幾年不斷的改變、成長，跟我的父母做溝通與和解，漸漸的開始感受到爸爸其實是愛孩子的，只是他用他的方法來愛，也很開心不再是以往的打罵方式，他開始學會傾聽跟關心，並且在生活中一步一步成長，開始會跟家人孩子溝通、學到感恩。

我透過每一次的催眠及不同的療癒方式，開始愛自己，而不再外求，現在也更珍惜當下，開始尊重在這一生的課題，不再抱怨與過去的自我產生衝突。

發現催眠，因為每一次深入的催眠都會進而轉化，每個人在生命中都會有所蛻變。

在這些過程中也發現每個人生，需要由自己決定。

過去對人性的種種跟自己的批判——

因為愛，所以關心對方及家人朋友，但卻不懂得愛自己。

因為在乎，生自己或是別人的氣。

因為包容，選擇生悶氣或是沈默。

因為希望你更好，用自己的方式對家人朋友碎念、囉嗦等。

因為生氣發脾氣，是因為不想失去。

常常會覺得如果不在乎，便會無動於衷不痛不癢，也會感到無所謂。

過去的人生會覺得，我對別人好，別人也要對我好，可後來經過一次一次的催眠，看見了很多的經歷。

不要把別人對你的愛，當做你傷害別人的資本。

不要後悔了，不要哭了才知道心疼。

不要等走了，才知道自己有錯。

不要等失去了，才知道珍惜當下。

所以透過了催眠，讓我看見更多的自己及內心的轉化。

也希望將來可以透過催眠，幫助更多需要我們彼此陪伴的個案。

其實也在許多個案中，看到了每個人遇到的問題及內心世界的投射。許多人都在「關係」中受苦，無論是在工作職場、同事、主管、學校的師長、同儕、家庭生活裡的家人、親密關係……等各種「關係」，每一種「關係」或多或少地影響著我們的人生。

個案分享一：你開始催眠了嗎？

艾咪是透過朋友介紹來做催眠，她平日會學習一些靈性的課程，也喜愛閱讀心靈成長的書籍，這是艾咪第一次催眠，我便為艾咪先說明一些催眠的介紹：「澄識催眠是運用循序漸進的放鬆方式，帶領你進入潛意識的世界，在深層的潛意識中探索經歷與感受，同時讓生命有新的發現與體會。過程中，你將可以擴展各種感受與發現，有相關的感受與情緒經驗都是正常的。」

接著讓艾咪躺下來，讓她從放鬆身體開始，從頭到腳慢慢地、逐步的放鬆身心，在過程中，感覺艾咪已慢慢放鬆，肢體上呈現鬆懈的狀態，均勻而深長的呼吸、交疊於胸前的雙手滑落下來，但正要引導艾咪進入催眠狀態時，她突然張開眼睛看著我說：「我沒有辦法完全的放鬆喔。」

「沒問題，這也是很好的感受。」這時改變策略了，沒有進不去的催眠，只有內心還沒準備好，或是艾咪害怕祕密被我看見而無法敞開心面對。

「那我們試試牌卡，來看潛意識在說什麼吧！」即使她說好也同意了，仍忍不住地問我：「妳開始催眠了嗎？」

「從我們一開始的談話、討論就已經在催眠囉，請放鬆並完全的信任，不需要一直問何時開始催眠。」這時她自己也覺得很好笑，因為她也看見了自己的擔心和內在恐懼。

「別緊張，一切都自然就好，我們來抽牌卡吧！」我覺察到艾咪似乎只要閉上眼睛，就會感到緊張而無法真正放鬆。我拿出塔羅牌，讓她用左手抽了幾張牌卡出來，左手連結著潛意識，牌卡裡隱含著需要被看見的議題，即使艾咪不知道會抽到什麼牌，潛意識已在等待她的來訪。

艾咪抽到的其中一張是「心碎」，我請她看著牌卡去感覺，心碎的是什麼？什麼人、什麼事讓妳心碎了？

我慢慢地請艾咪閉上眼睛：「去感覺、去回顧一下這是什麼時候的感受？」

艾咪：「我感受到這是來自於原生家庭。」艾咪看到自己內心軟弱的一面，還有對爸爸、對家人一份愛的渴望，艾咪說：「從弟弟結婚以來，弟媳從來都沒有尊重過我，冷眼冷語讓我感覺很受傷，爸媽跟弟弟也都沒有糾正過弟媳，任憑弟媳這樣欺負我，事實上，我明白這些都是父母跟弟弟的默許，這才讓我更難過。」訴說著她心碎的由來。

「回到事情發生的那個時候，去看看當時的自己，在那時的妳有什麼樣的感受？」

艾咪哭著說：「我只有種被漠視的感覺、懷疑著父母真的愛我嗎？為什麼他們可以任由一個嫁進來的弟媳不斷的欺負我？為了讓他們看見我，我討好他們，一次又一次，不斷告訴自己沒關係，我可以的，時間這麼久了，以為我已經放下過去的事情，時間已經治癒自己，但原來是自己也在漠視自己的內在，內心其實是受傷的啊！」

「問問妳的潛意識，何以需要帶妳再次回顧這段過程呢？是否有什麼是妳可以學習或者要妳看見的？」我試著引導她並平復她的情緒，耐心地等待她的答案。

艾咪：「潛意識要我放下這些過去，其實我可以對自己有自信的。」

我：「再問問妳的潛意識，如果有機會妳可以用什麼方式去修復這段關係？」

一陣靜默裡，我等待著她的答案，艾咪說：「很多時候我常覺得是自己不夠好，不認輸，想證明自己是對的、自己是好的，卻常常讓自己陷入漩渦裡面，然後就和弟媳或其他家人的關係變得更緊張，也因為我不夠自信，覺得自己不夠好，所以不信任別人會對我好、會相信我，但其實我可以對自己有自信的，其實我也可以放輕鬆些。」

我：「還有呢？」

艾咪：「其實我可以和家人多溝通，表達我的好意。」感受到她臉上慢慢浮現出笑容，還有一種解脫出來的輕鬆感。起身後的她多了一份自信，多了一份輕鬆，我相信接下來的課題，艾咪會更明白該如何處理的。

個案分享二：催眠帶給我的蛻變

阿寶總是莫名的悲傷。

我讓阿寶先抽七張寶石卡，然後請她躺在曼陀羅大絲巾上，幫她蓋上絲巾，慢慢憑著直覺將水晶及寶石卡排在身體的脈輪位子，才躺下未久，阿寶便感覺泫然欲泣，然後有一種往地下沉入的錯覺，眼淚一直流出，問阿寶有沒有什麼想說的，阿寶說：「只是覺得很想哭，但沒有想說什麼。」接著我開始用不同的語言跟阿寶對話，然後問她：「有沒有什麼感覺？有沒有要回應的？」

阿寶：「不知道為什麼聽完這些話覺得壓力好大，但完全聽不懂。」

我鼓勵著她：「妳有沒有過這種經驗，胡亂說一些自己也聽不懂的話？就用這樣的方式來對話吧！」於是阿寶試著跟我對話，說著彼此都聽不懂的語言，但很奇妙的好像都被理解了，也許不是全部，至少有部份透過意念被理解了。後來我再度確認，阿寶有感受到內在的情緒，阿寶覺得自己有很深的悲傷隱藏在心裡，可是在這個奇妙的過程中，身體放鬆了，悲傷的感覺也消失了。

過幾天後，阿寶傳來了她的文字：

「當催眠結束後的那天晚上，我忽然記起已經遺忘已久的懺悔功課，持續的做到睡著。那晚我睡得很好，隔天醒來，持續前晚的懺悔便開始幫癌末的親友誦經。

回到中部後，覺得自己好像對於一些過去不能接受的事情，比較打開心接納了！所以當感覺一些能量干擾時，沒有任何情緒起伏，只是接受、理解、放下。大約療癒結束後第五天、第六天，忽然靈感所至的接續前幾天的懺悔。接著就打開了情緒大門，大量宣洩，當看到感人的短片，或是看到動人的新聞，這些事情都讓我可以一個人躲在房裡，驚天動地哭個夠，哭完之後，覺得很多情緒庫存都出清了！經歷小小的高峰，有種很 HIGH 的感覺——真是太棒了！

在這次經驗中，發現很多療癒時，其實是超出人類的感官跟腦袋所能感受與理解的，就是簡單的相信自己會受到療癒，相信療癒因緣的發生、引導者的帶領，把一切交給老天、宇宙，療癒就會發生了！

在此，感謝 Sandy 給出的療癒，感謝高靈與天使的守護、帶領，感謝上天、宇宙的應許，期許一個日新月異、越來越增上的我，感恩一切。」

個案分享三：找尋自我的自信

Eva 娓娓訴說著她心中的憂鬱。她小時候在學校常被同學欺負，長大後去上班，同事都不太喜歡她，現在三十多歲了也找不到工作，就算找到工作也沒有成就感，總總的問題，Eva 說：「老師我怎麼了？老師我想催眠，催眠可以改變我嗎？可以讓我不要再成為小時候的樣子嗎？」她說她有好幾年都沒有工作了，要不然就是打打零工，她不知道為何會這個樣子，而且只要心情不好時，在家裡會把脾氣都發在媽媽身上。

在諮商的過程中，我深覺 Eva 處在情緒低潮的狀況。而且 Eva 也告訴我，說她很難進去催眠的狀態。

當下我告訴 Eva：「今天的催眠方式會結合頌缽療癒，主要是要讓大腦放鬆帶領妳進入了一個很深的催眠，讓妳放鬆好好休息。我開始數一、二、三到十後，每聽到我敲一次頌缽感受到頌缽的振動頻率，妳將會慢慢進入一個很平靜的狀態，能感覺到心是慢慢地舒緩下來的。再慢慢地深呼吸，慢慢放鬆妳的緊張，我會慢慢引導妳，開始全身放鬆。」

我將頭部慢慢地引導到腳底讓 Eva 進入很深的睡眠：「放掉妳腦袋的東西，這時妳會感覺到越來越放鬆，越來越舒服的狀態！」

數到十的時候，Eva 已經進入了睡眠的狀態。在這個過程中，我聽到 Eva 開始打呼聲音了。

將近一個小時的時間，Eva 進入了深層的催眠，我敲著頌缽，透過頌缽以及我的聲音的引導，繼續讓她放鬆。Eva 潛意識進入一個深層的溝通。

而我在跟潛意識對話：「Eva，妳將會覺得身體輕盈，不再有恐懼，當妳面對事情的時候會有自信的往前走！」並且讓 Eva 感受到每個人事物對她的關心。不再嚴苛批判自己。

當我慢慢再數到五，要喚醒 Eva 時，她還睡得很香，多麼可愛的女孩！

醒來後，她說：「老師，我都沒有聽到妳說什麼。」

我問她：「妳醒來感覺如何？」

Eva 說：「精神好，很喜悅。」

接著我想再和 Eva 聊聊她跟媽媽之間的關係，於是我出了一個很簡單的功課，讓她回家與媽媽試一試和解的可能性。

Eva 說：「我試看看吧。」

我請她回家跟媽媽道歉，謝謝媽媽多年來忍受她的個性，她知道媽媽很愛她，可是她常常對媽媽說了很多傷害的話。

因為 Eva 在外面受到別人的欺負回到家裡，只有把怒氣發在家人身上，但是家裡的父母親默默地承受，用包容的愛在支持著她。

我請 Eva 思索，何不用愛來轉化自己跟家人？

其實 Eva 都懂，她說她願意嘗試。

試著在想發脾氣時，跟媽媽說：「我愛妳，媽媽謝謝妳過去的陪伴與照顧。」我跟 Eva 分享這樣的感受：「當妳願意開始轉化，妳的人生就不一樣了。」

我對她說：「很期待妳日後回來的分享！」

她說：「謝謝老師的用心。」很開心地回家了。

每次看見個案回去，我的內心也充滿了感謝，感謝個案的信任，感恩我學會了催眠，利用牌卡與催眠的結合，幫助了需要幫助的人，這時的我更加清楚知道，我過往所有的經歷，都是為了成就我現在的工作。

我接觸了「澄識催眠」，讓我更了解催眠對個案的幫助以及對自身的轉化，也感謝每一次個案的體驗，讓我更用心的在這個生活的當下。每一次的個案來催眠，我都會有很大的感觸跟學習，希望在未來，我可以透過催眠，幫助更多的人一起成長。

國家圖書館出版品預行編目 (CIP) 資料

潛意識溝通 : 11 位催眠師的生命轉變 / 彭公（彭渤程）主編 .
-- 初版 . -- 臺北市 : 奇異果文創 , 2018.07
216 面； 14.8×21 公分 . --（好生活 ; 12）
ISBN 978-986-95387-8-7(平裝）

1. 超心理學 2. 潛意識

175.9 107012458

好生活 012

潛意識溝通：
11 位催眠師的生命轉變

主　　編　彭公（彭渤程）
美術設計　Akira Chou
執行編輯　周愛華

總 編 輯　廖之韻
創意總監　劉定綱
企劃編輯　許書容

法律顧問　林傳哲律師 / 昱昌律師事務所

出　　版　奇異果文創事業有限公司
地　　址　台北市大安區羅斯福路三段 193 號 7 樓
電　　話　(02) 23684068
傳　　真　(02) 23685303
網　　址　https://www.facebook.com/kiwifruitstudio
電子信箱　yun2305@ms61.hinet.net

總 經 銷　紅螞蟻圖書有限公司
地　　址　台北市內湖區舊宗路二段 121 巷 19 號
電　　話　(02) 27953656
傳　　真　(02) 27954100
網　　址　http://www.e-redant.com

印　　刷　永光彩色印刷股份有限公司
地　　址　新北市中和區建三路 9 號
電　　話　(02) 22237072

初　　版　2018 年 8 月 5 日
I S B N　978-986-95387-8-7
定　　價　新台幣 300 元